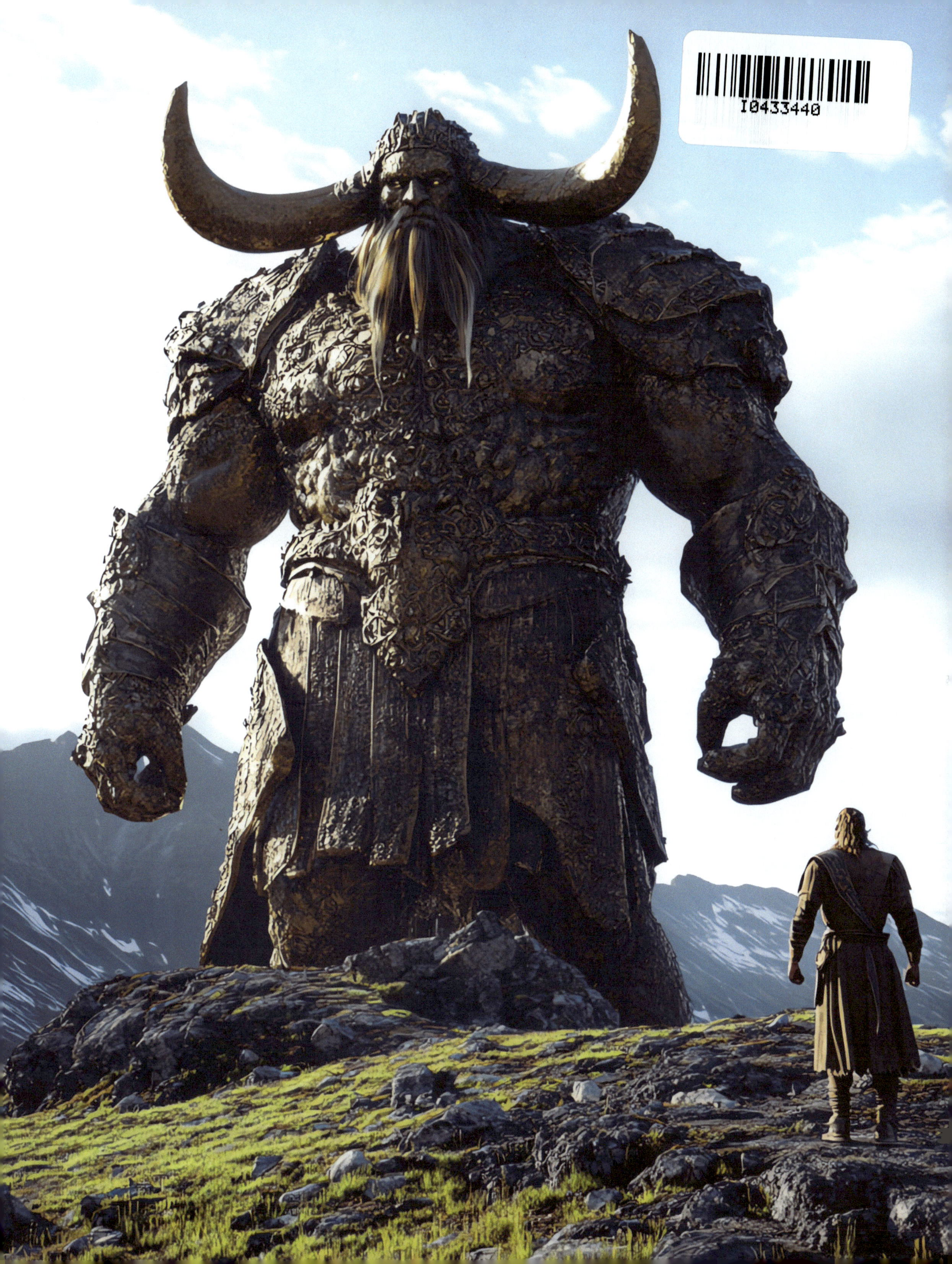

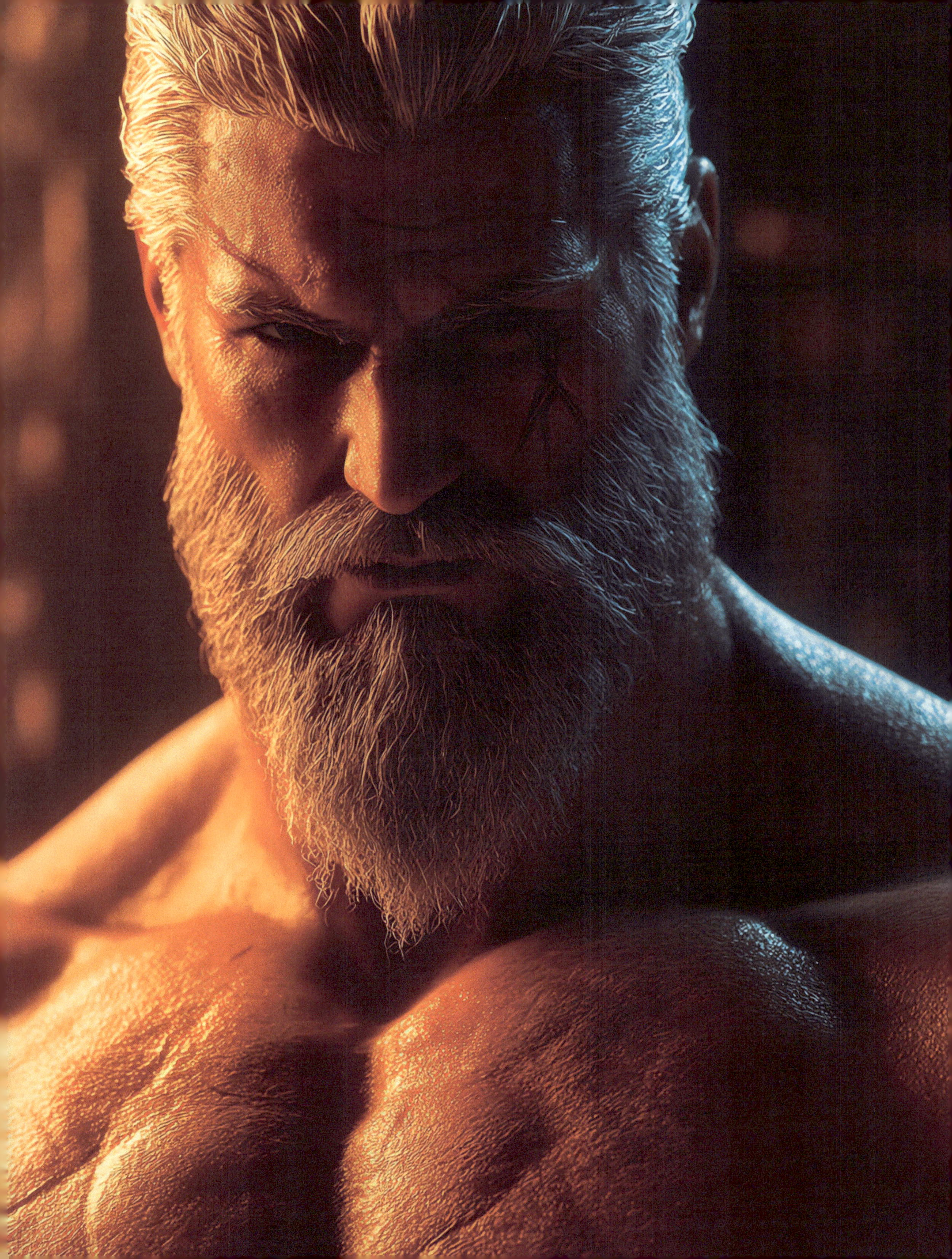

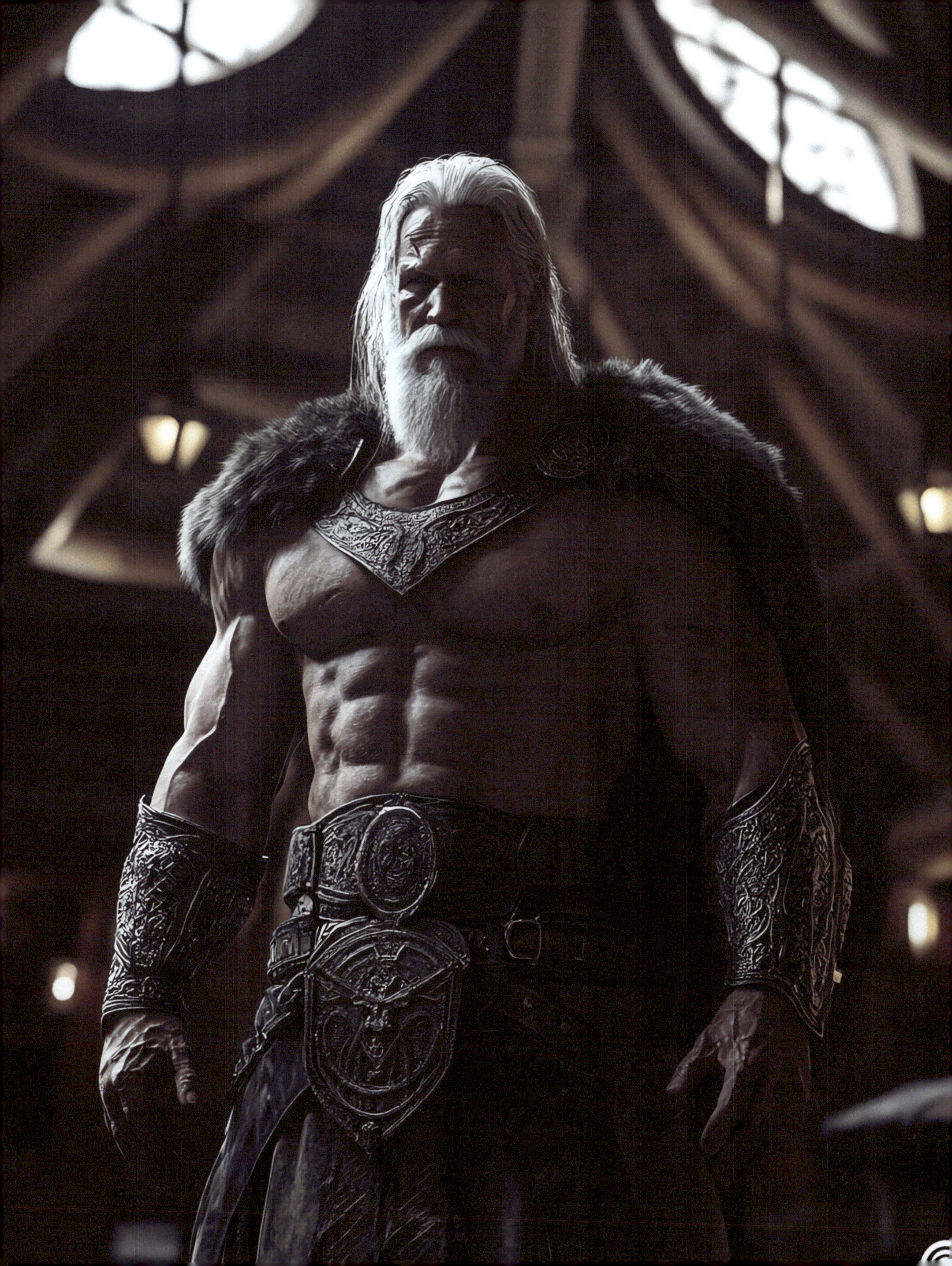

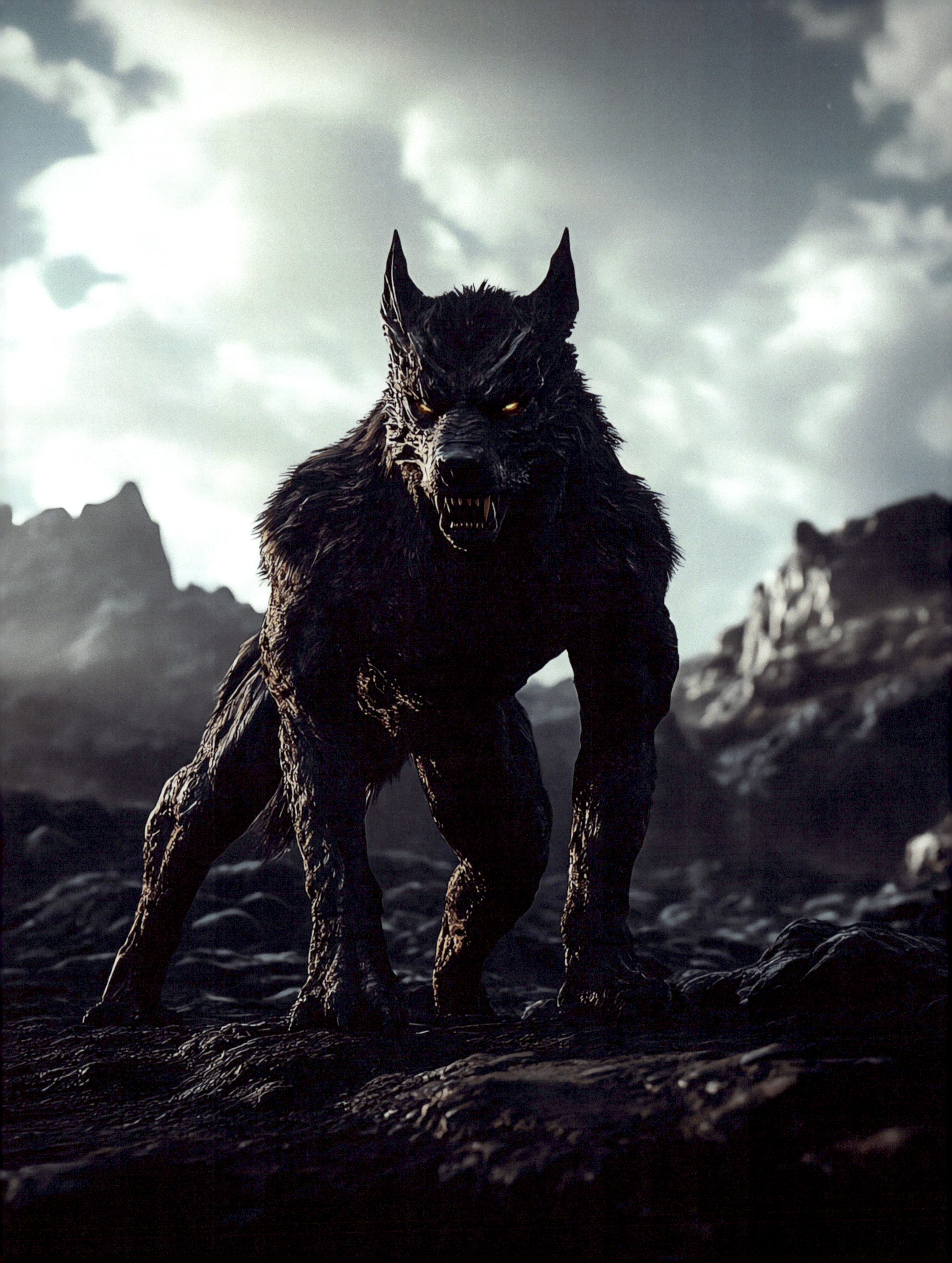

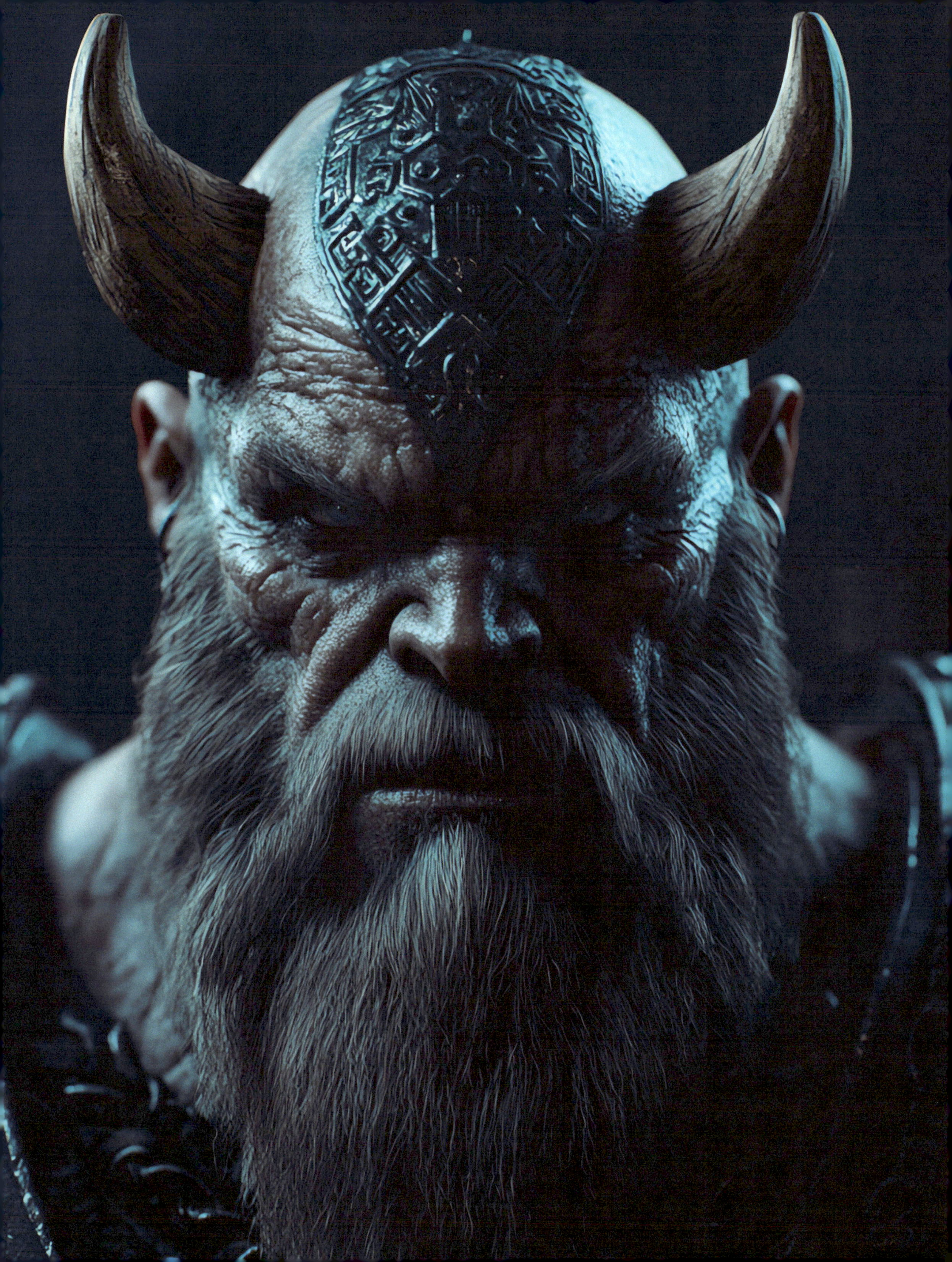

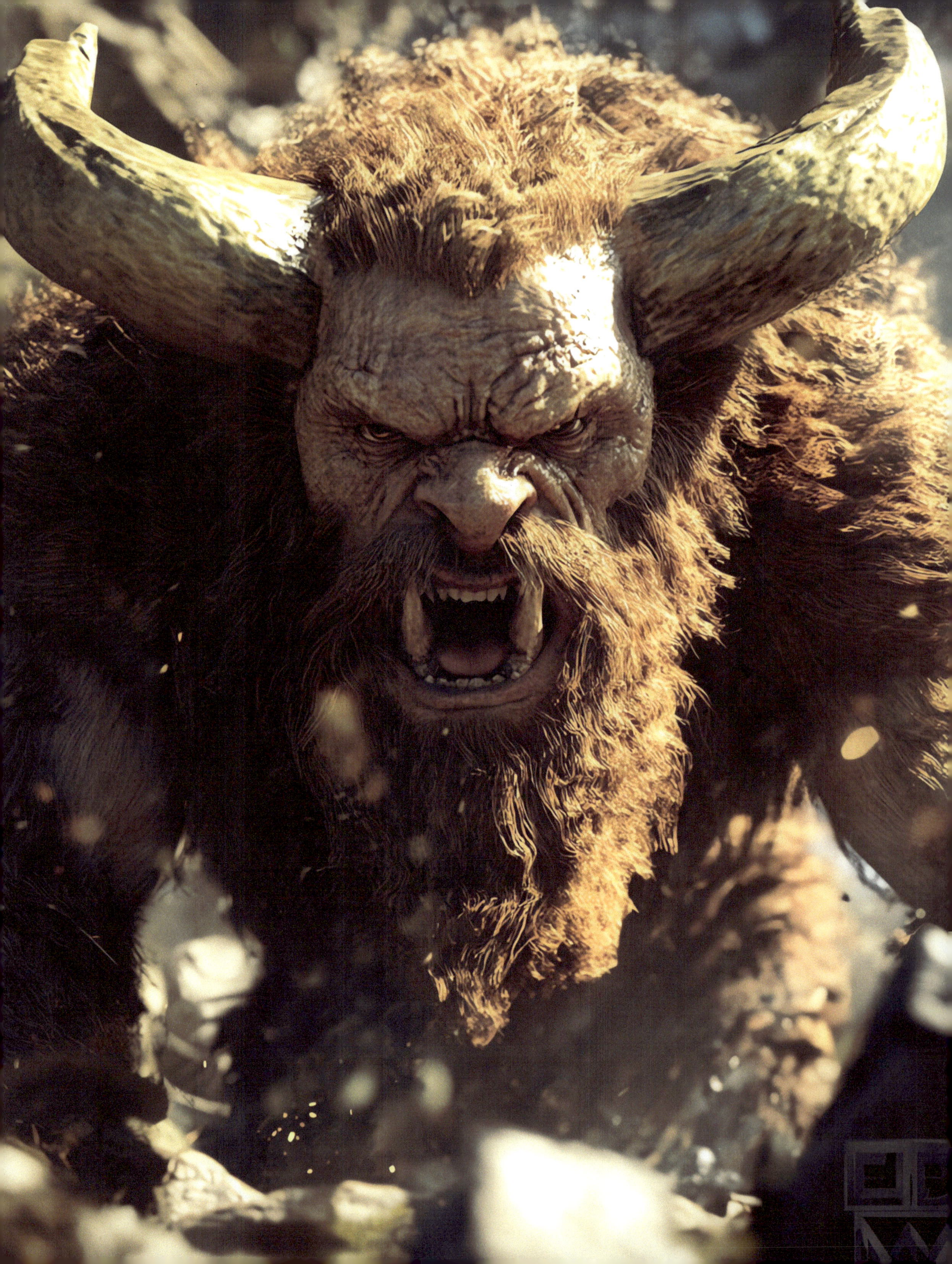

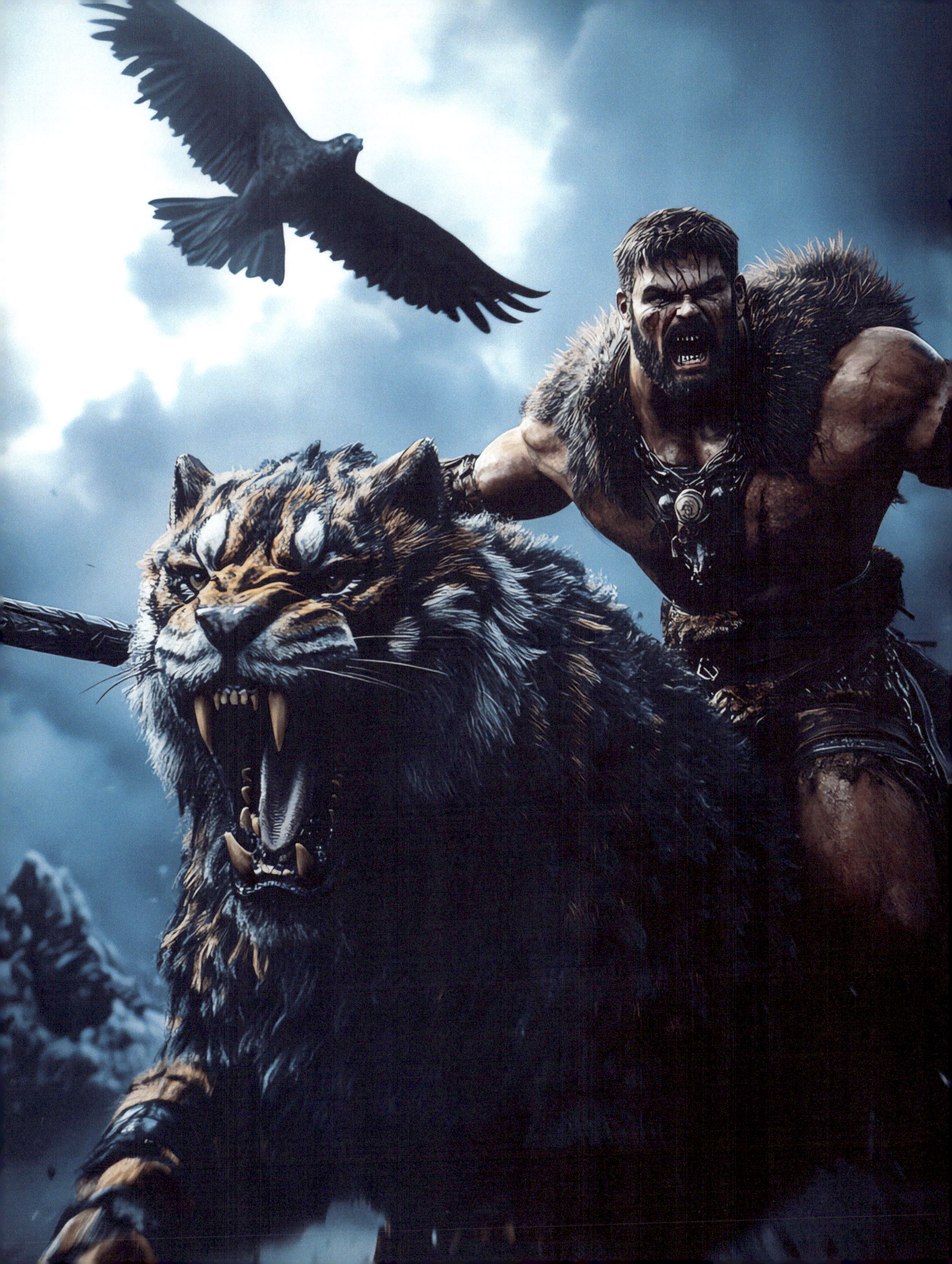

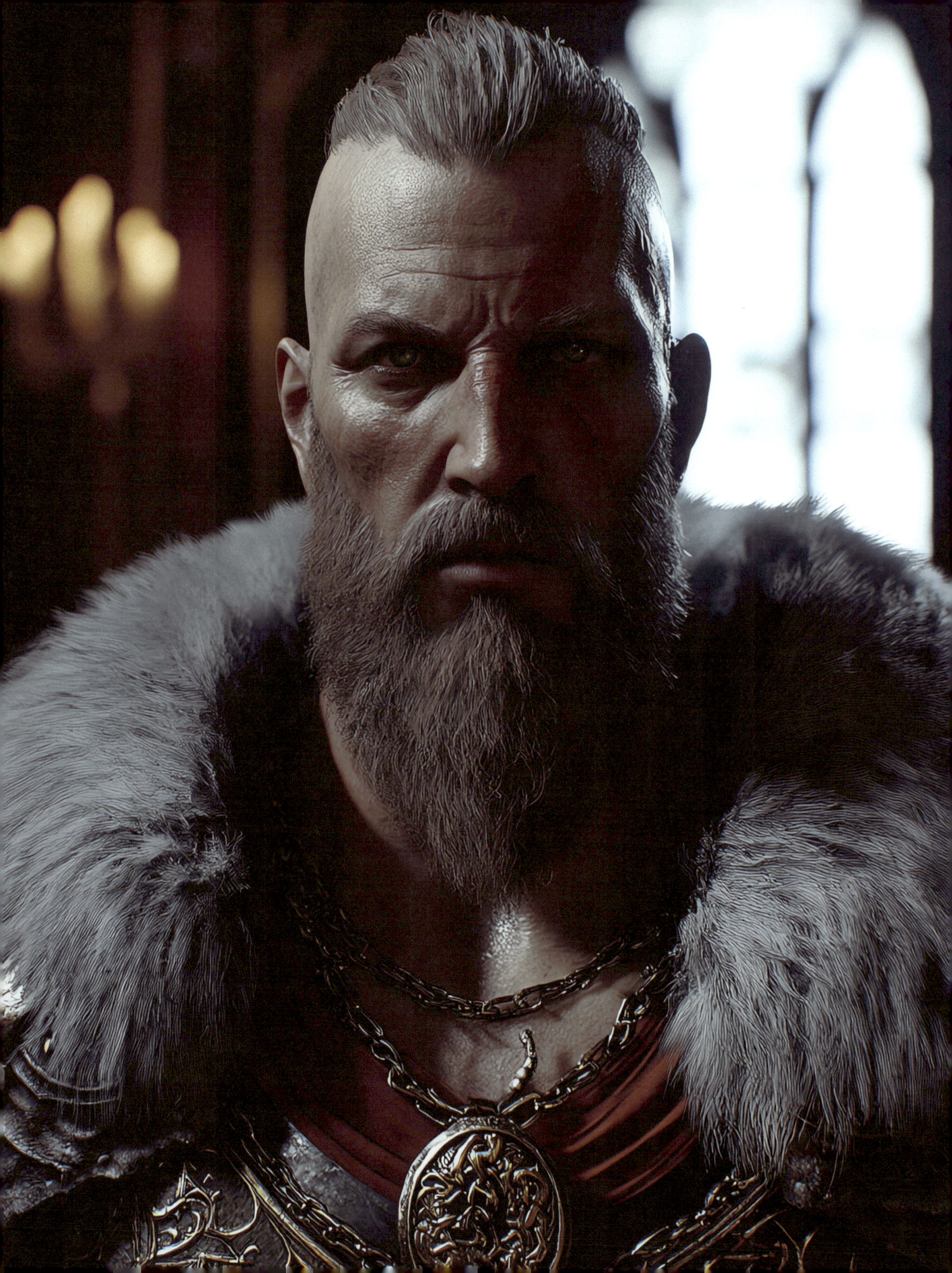

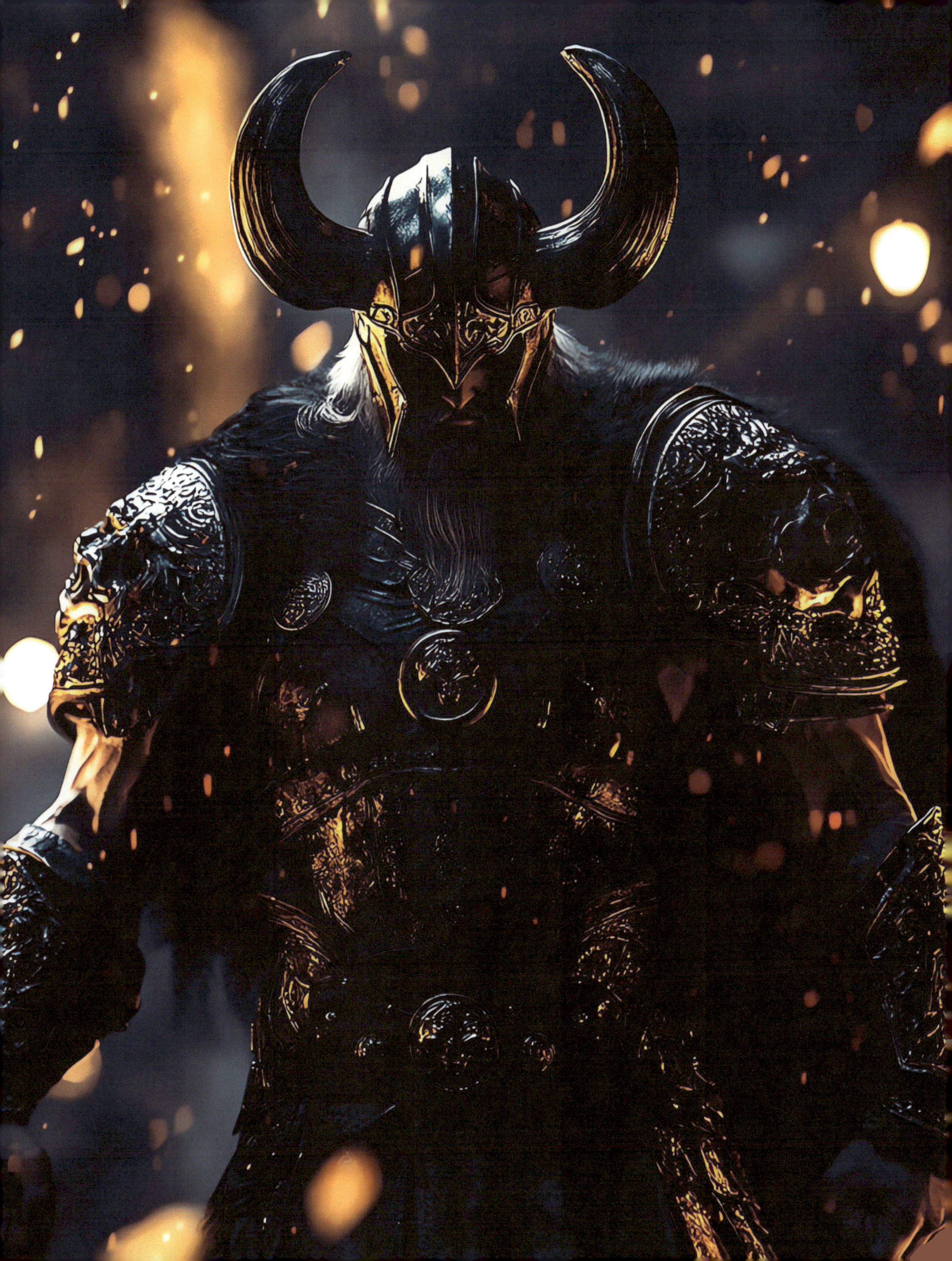

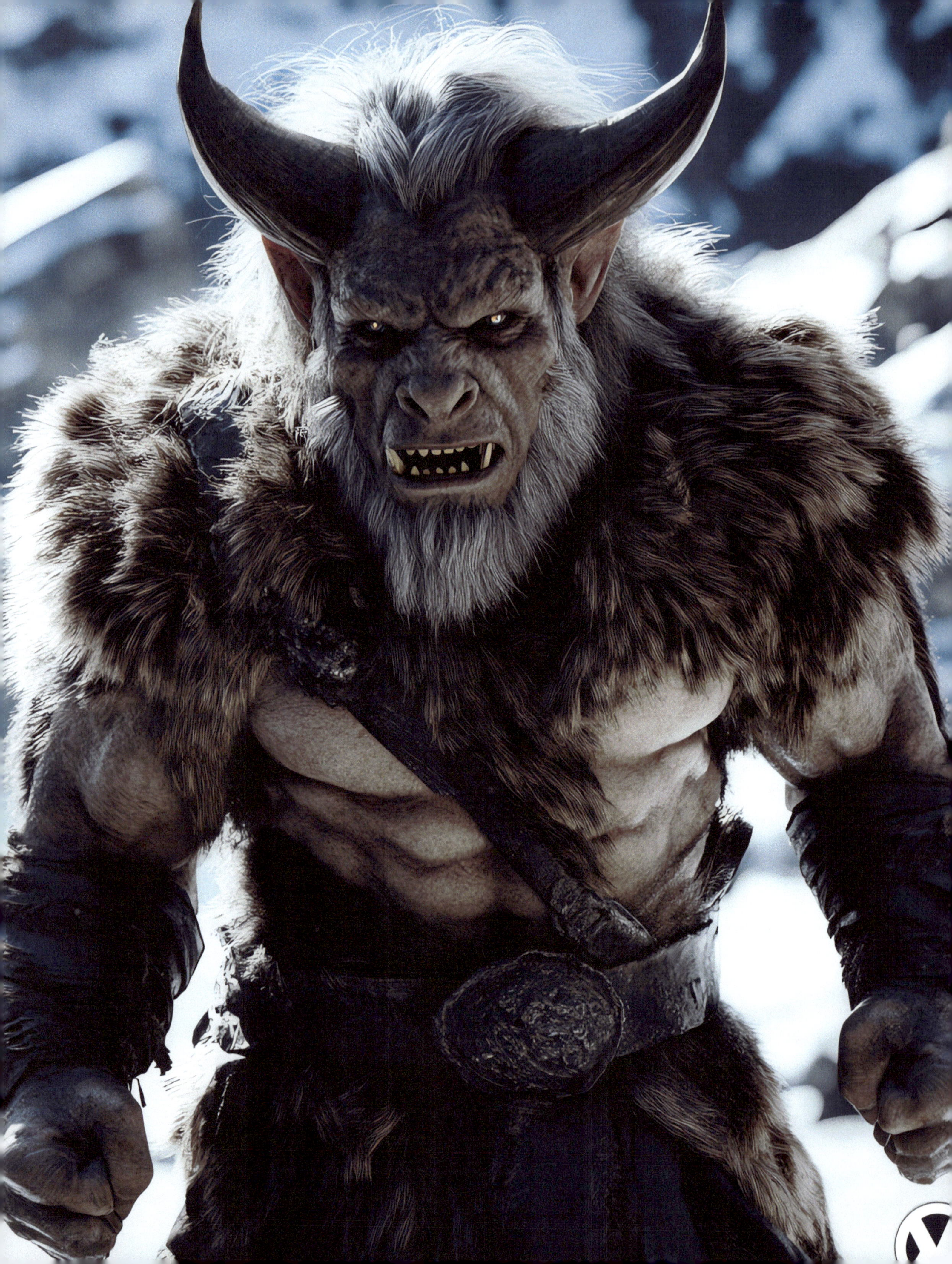

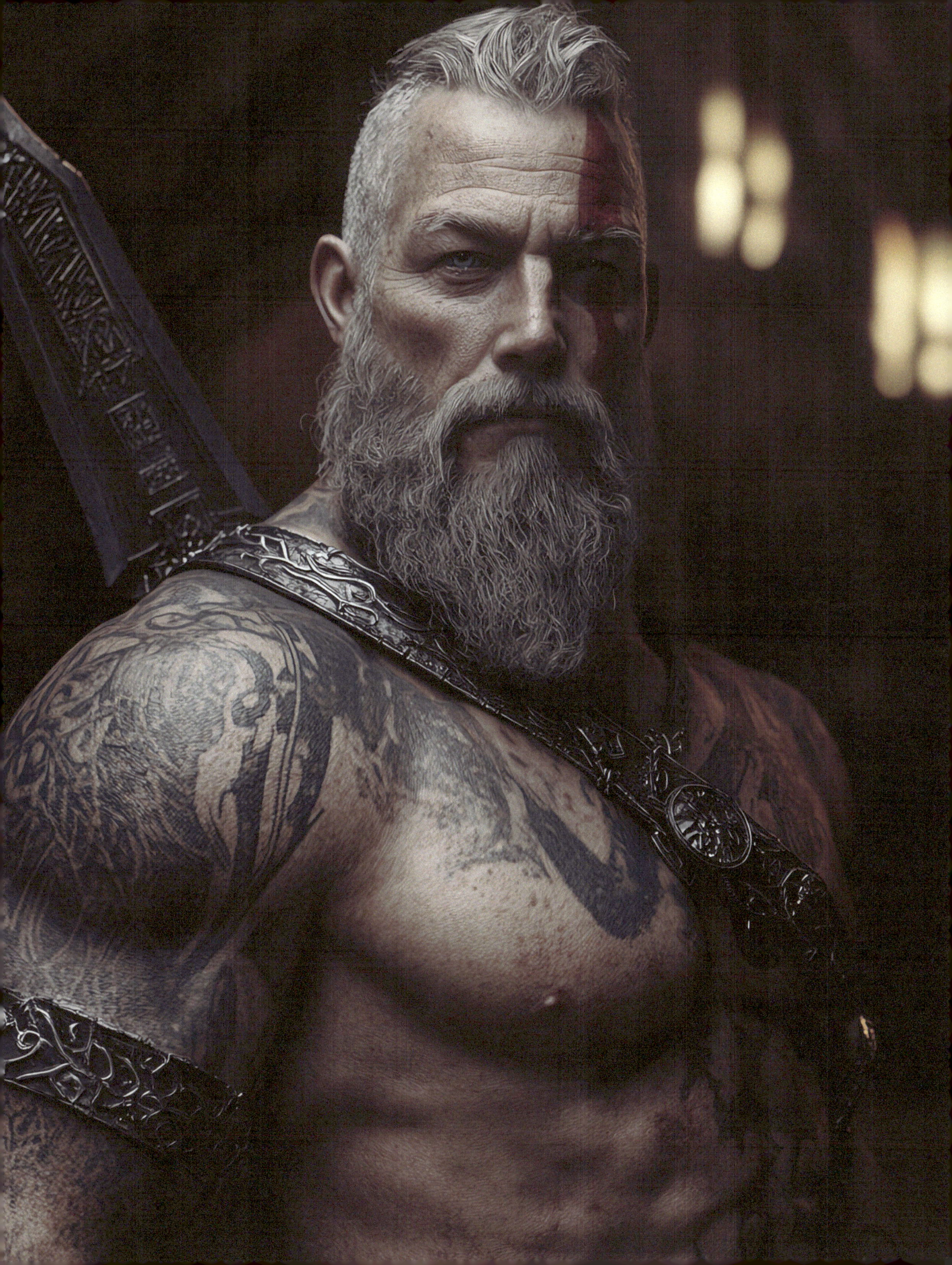

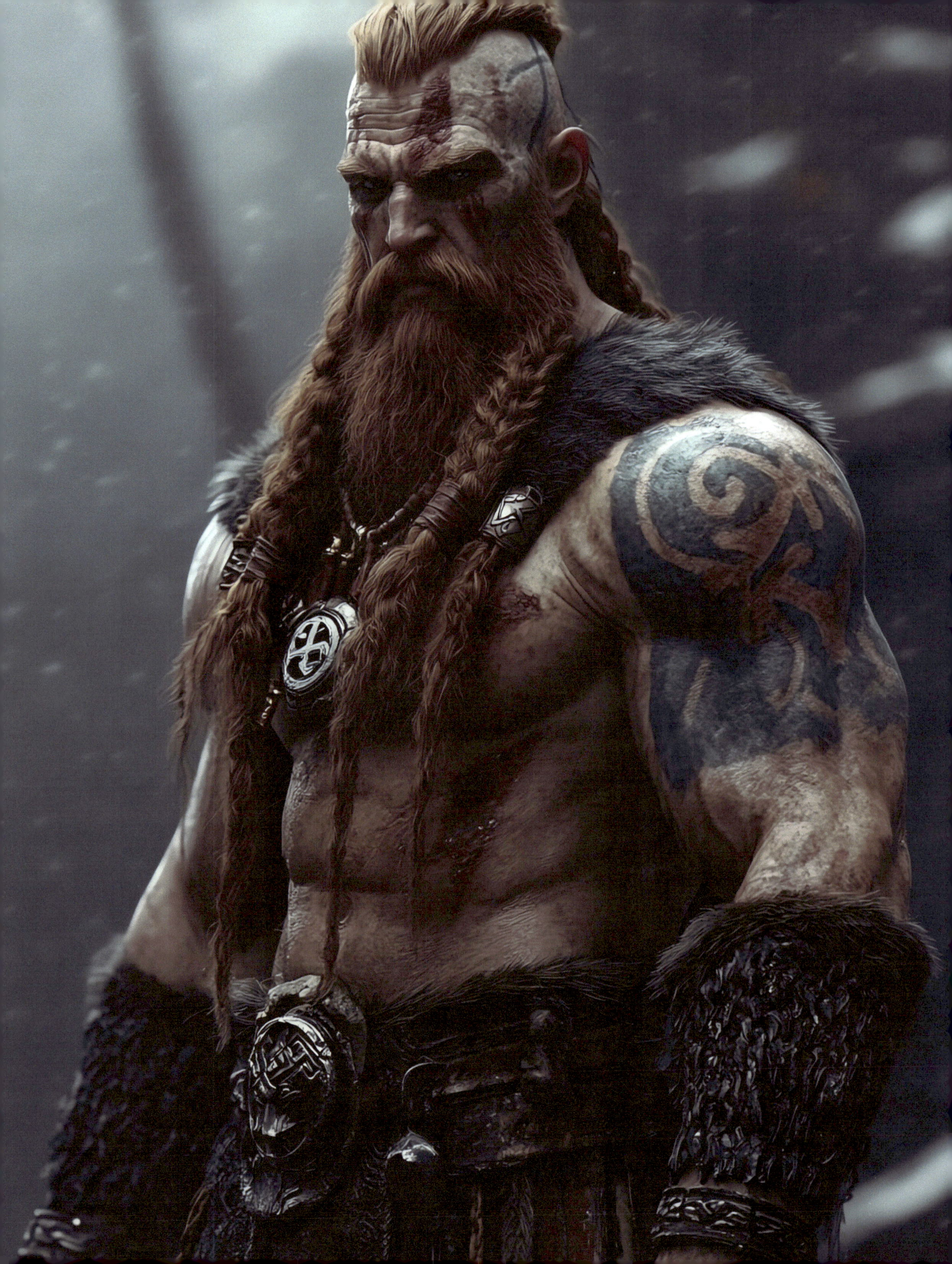

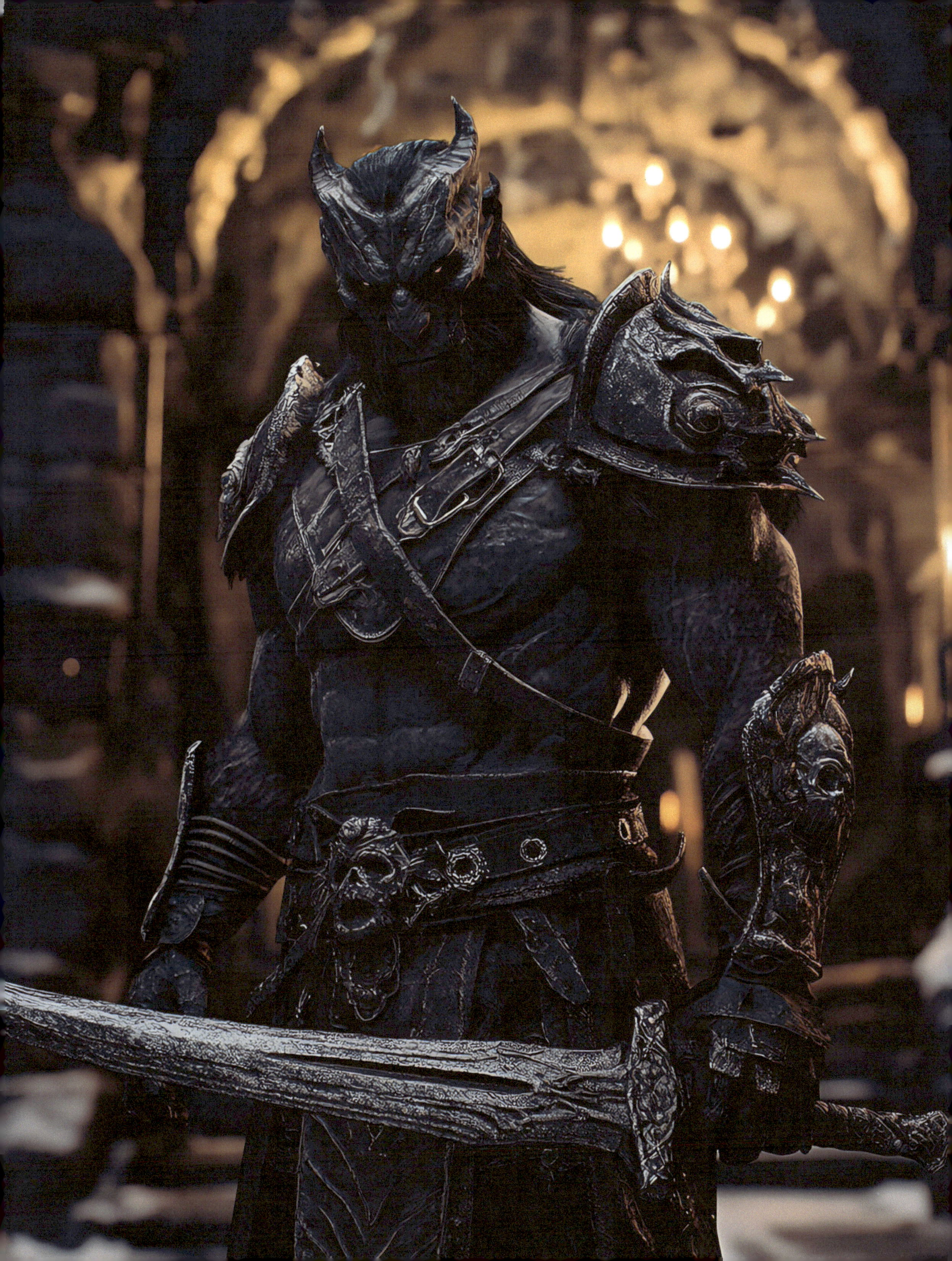

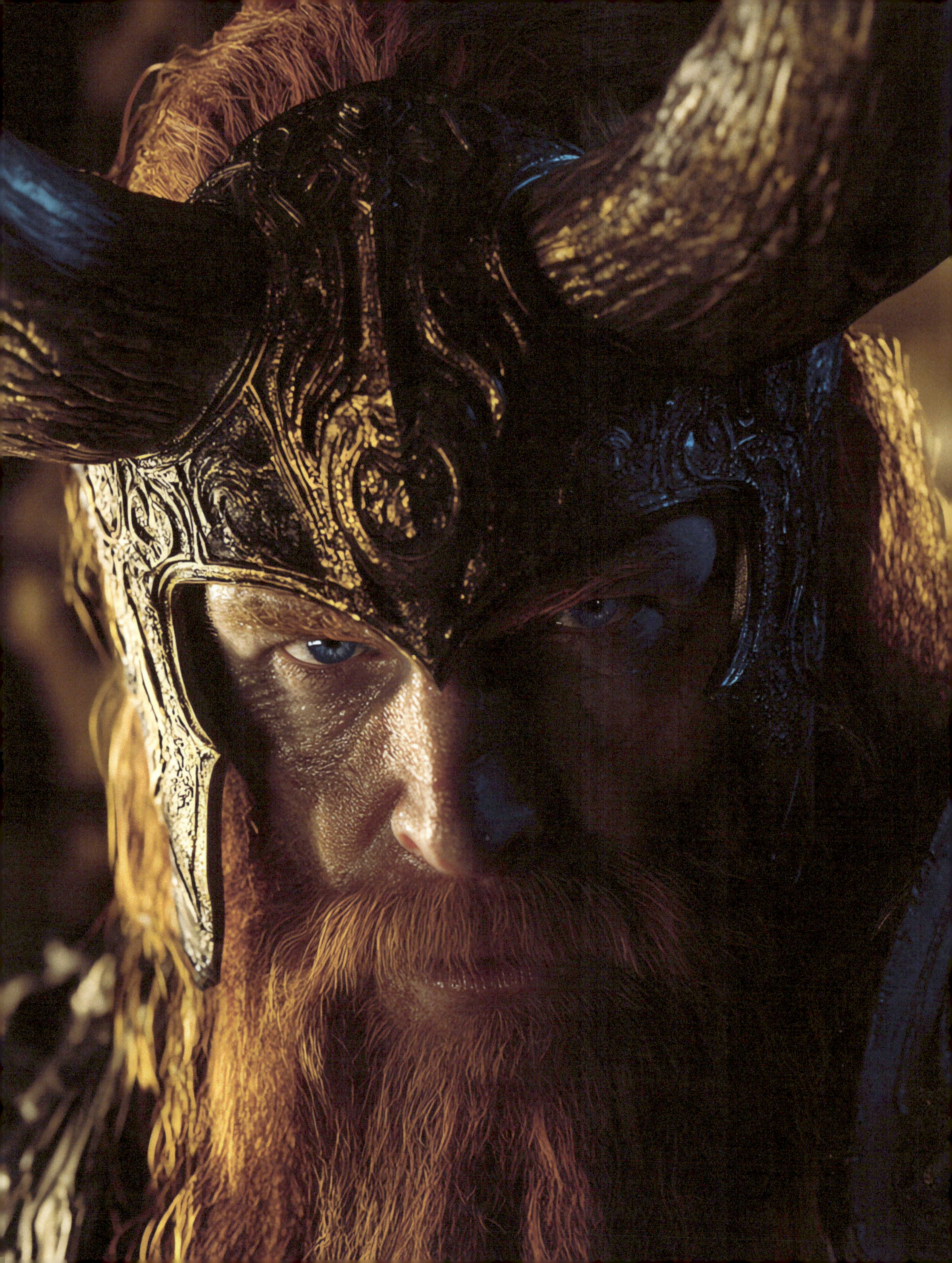

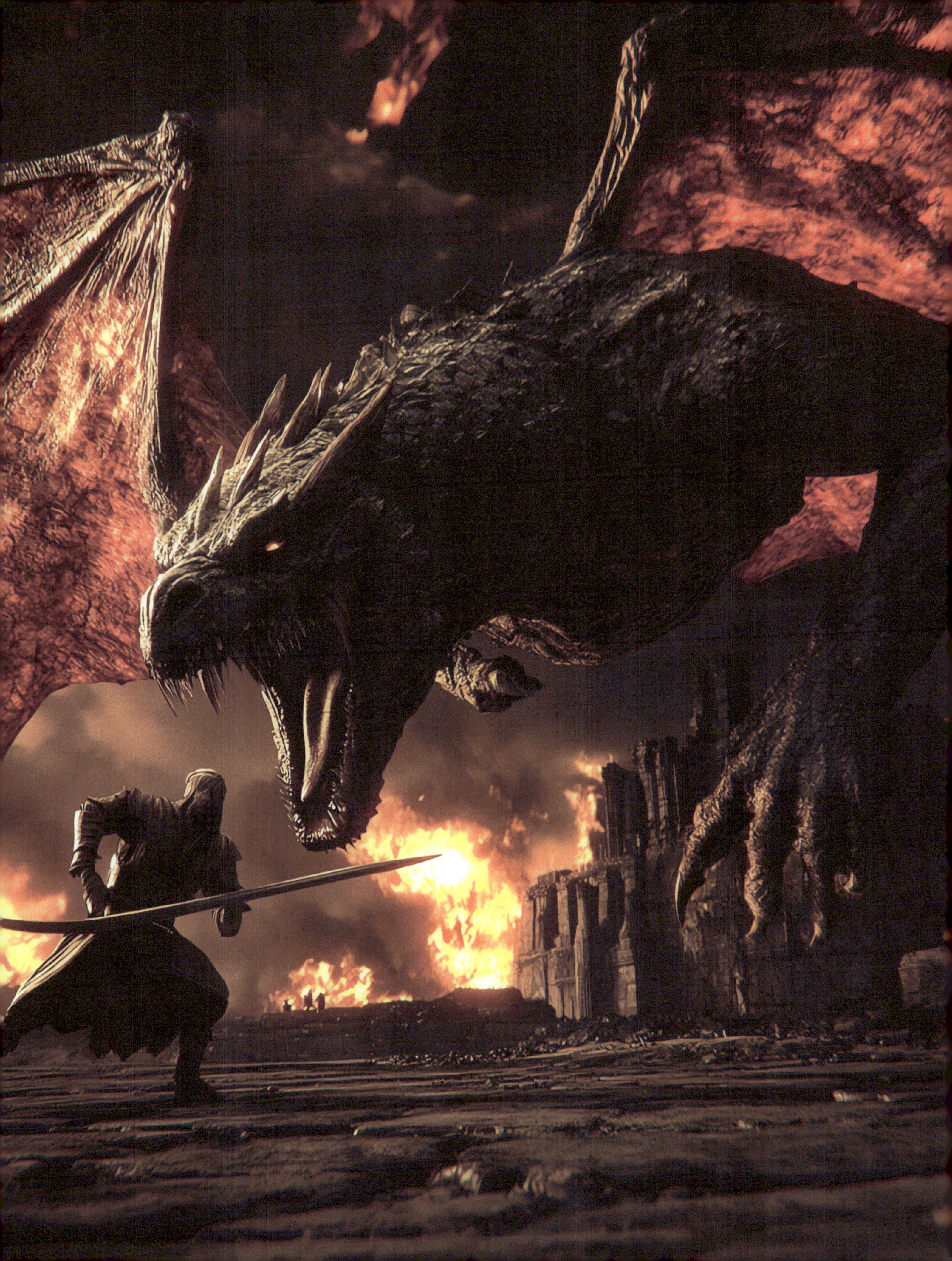

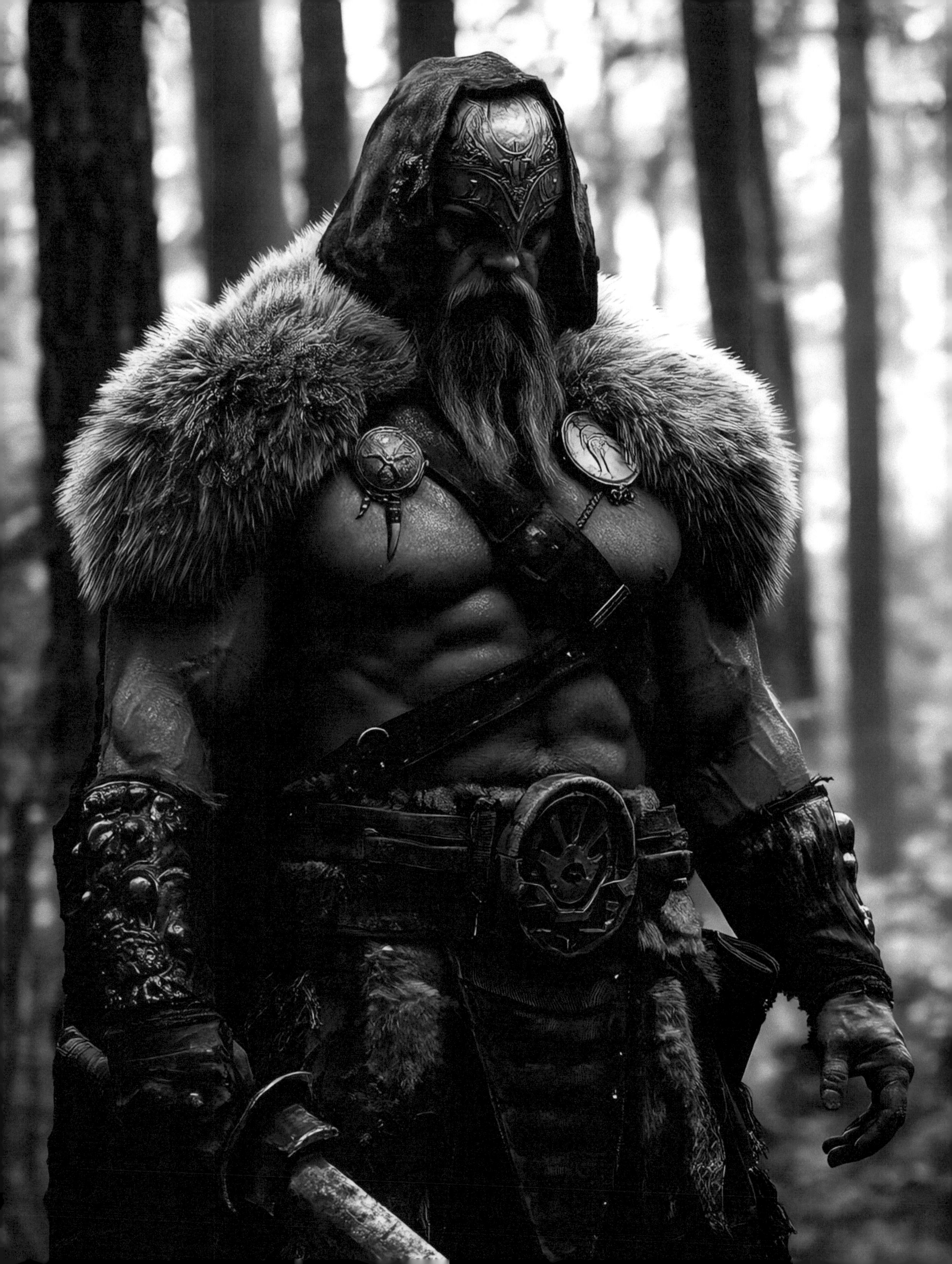

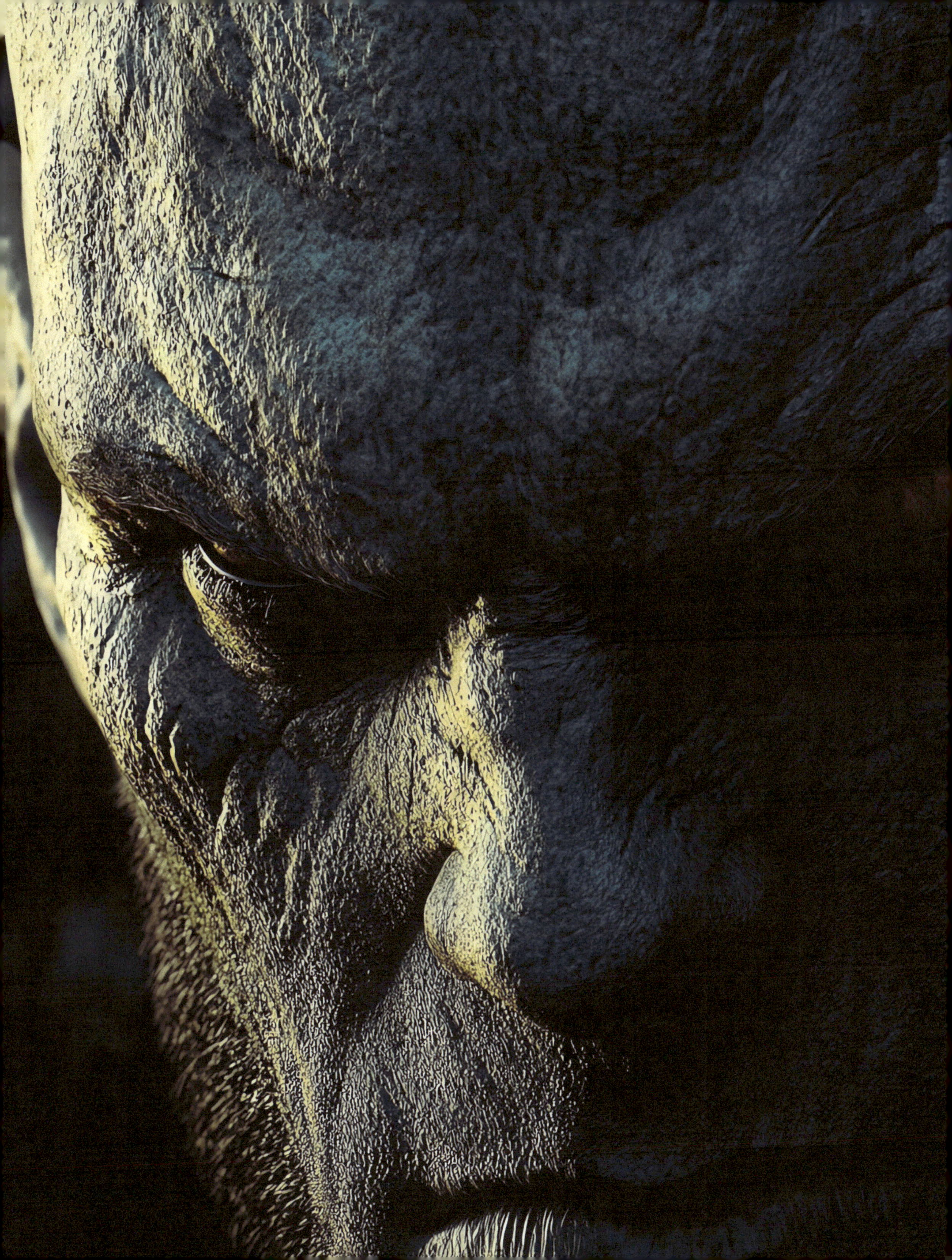

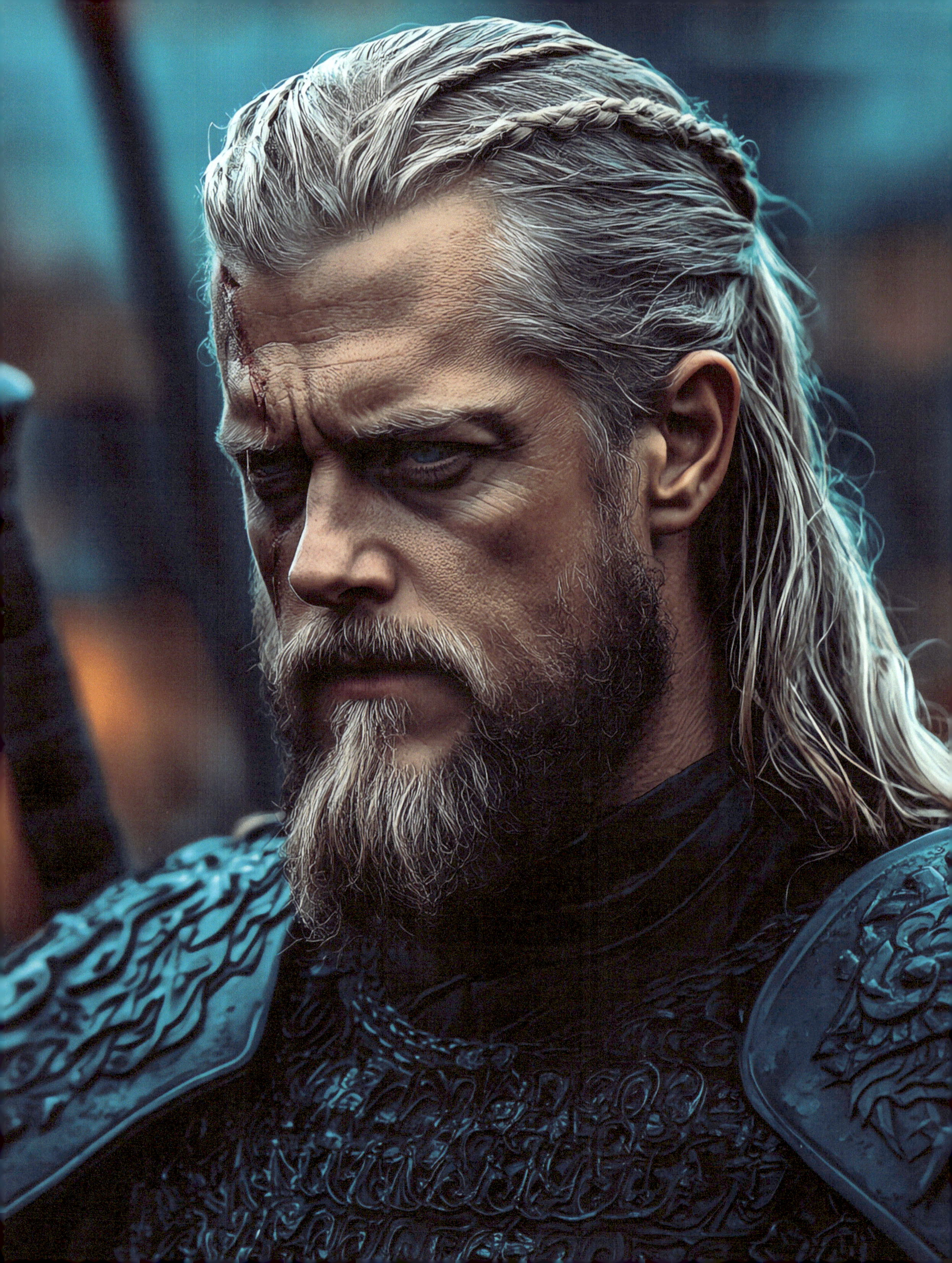

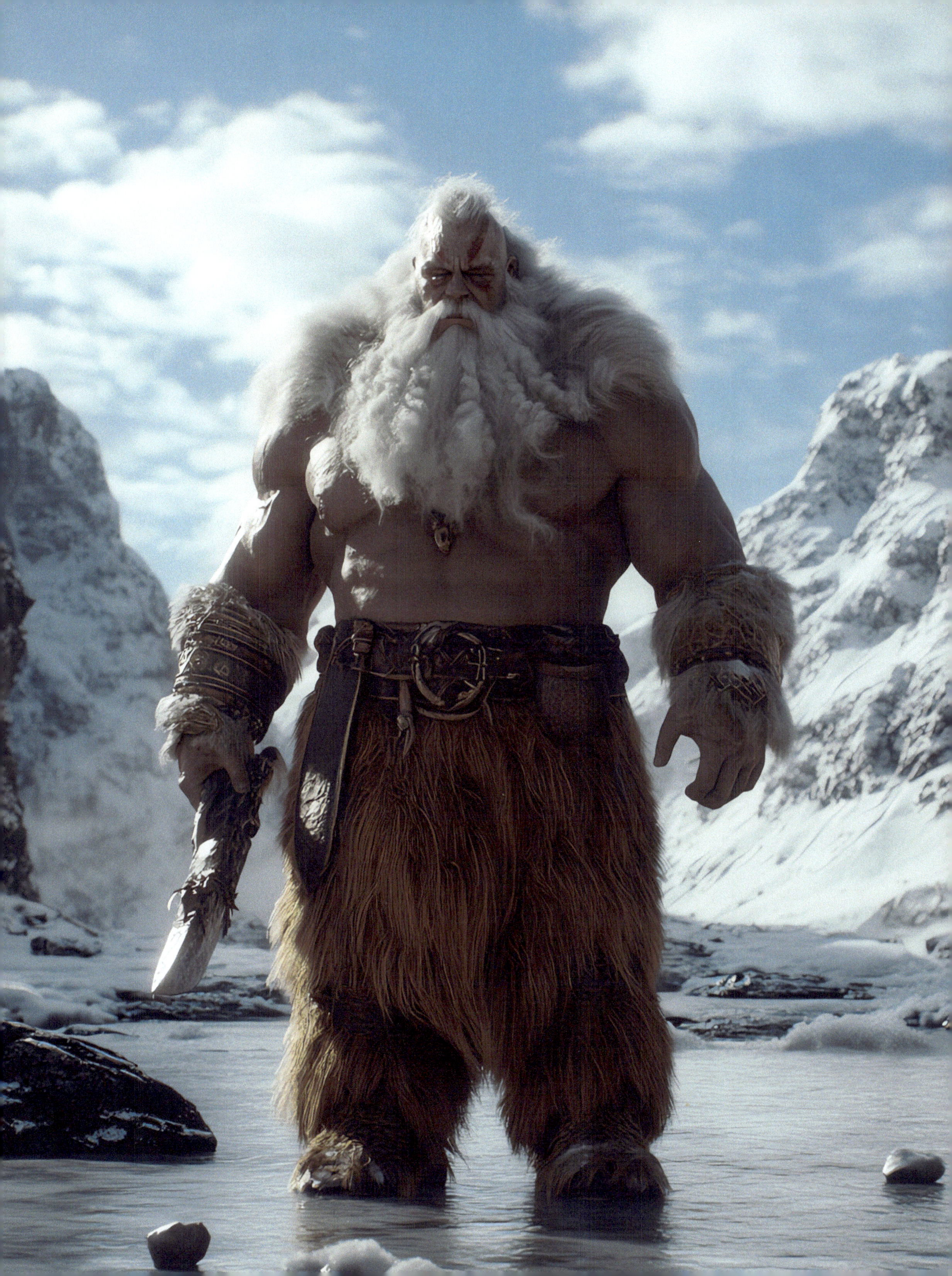

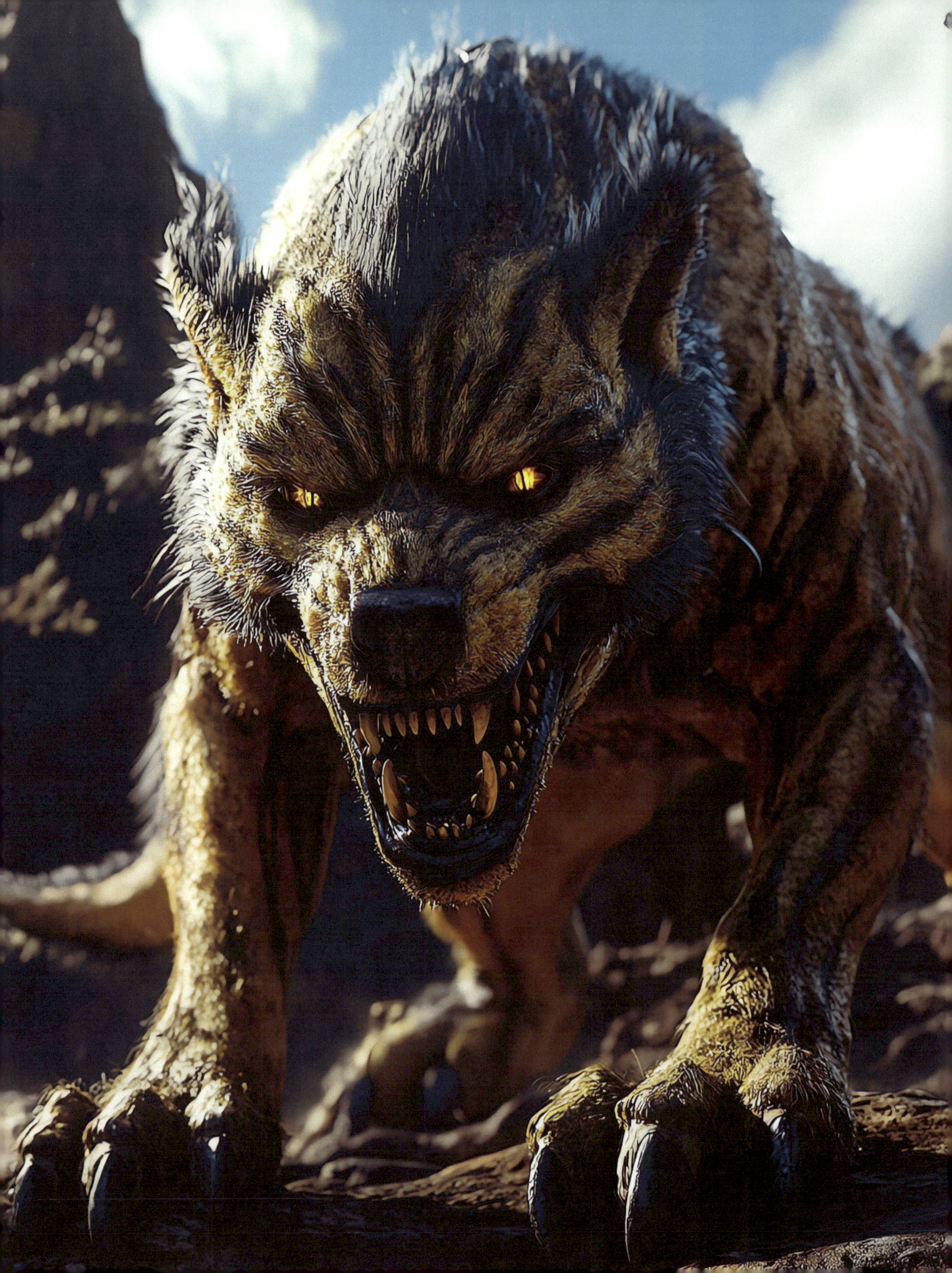

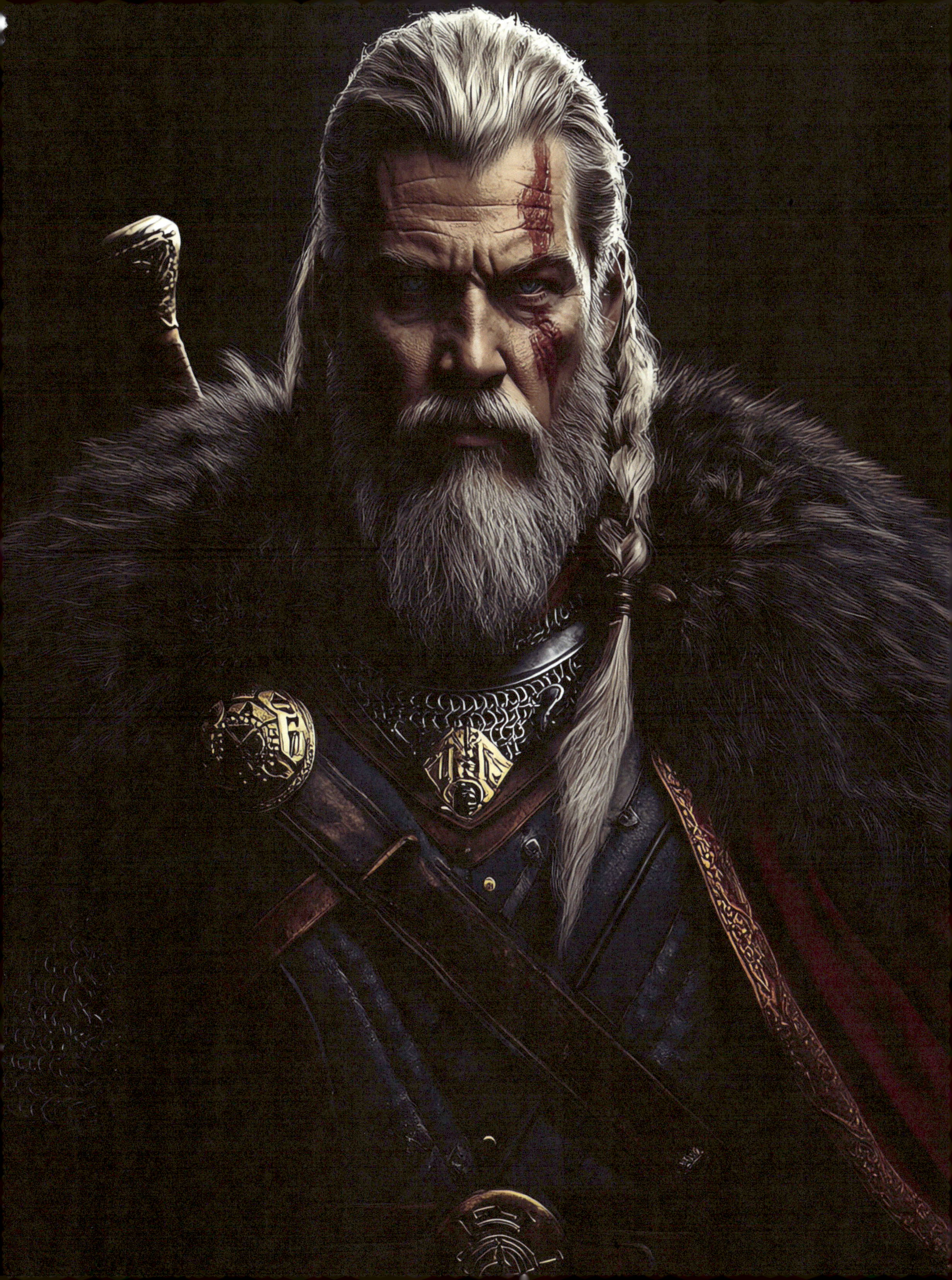

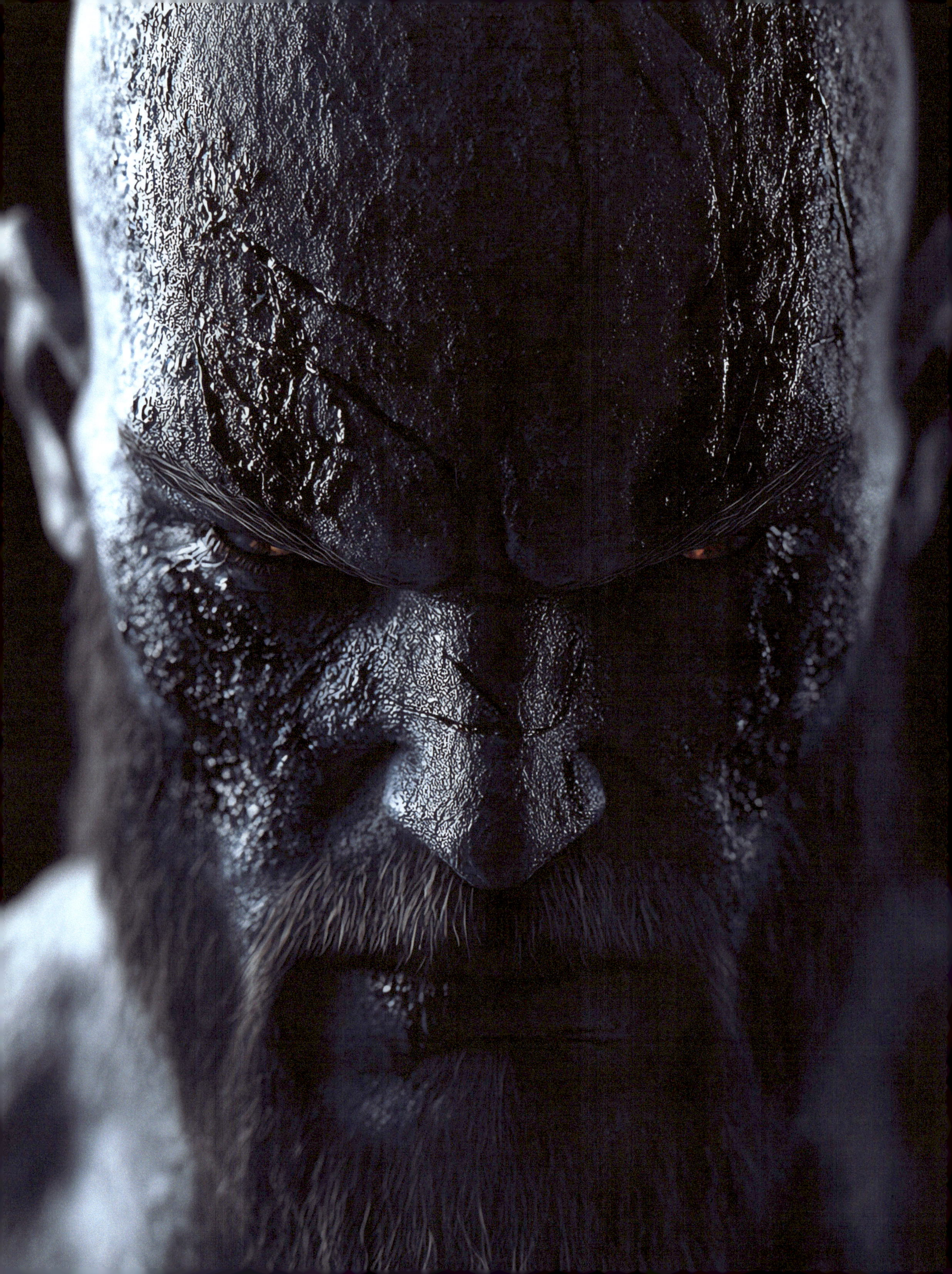

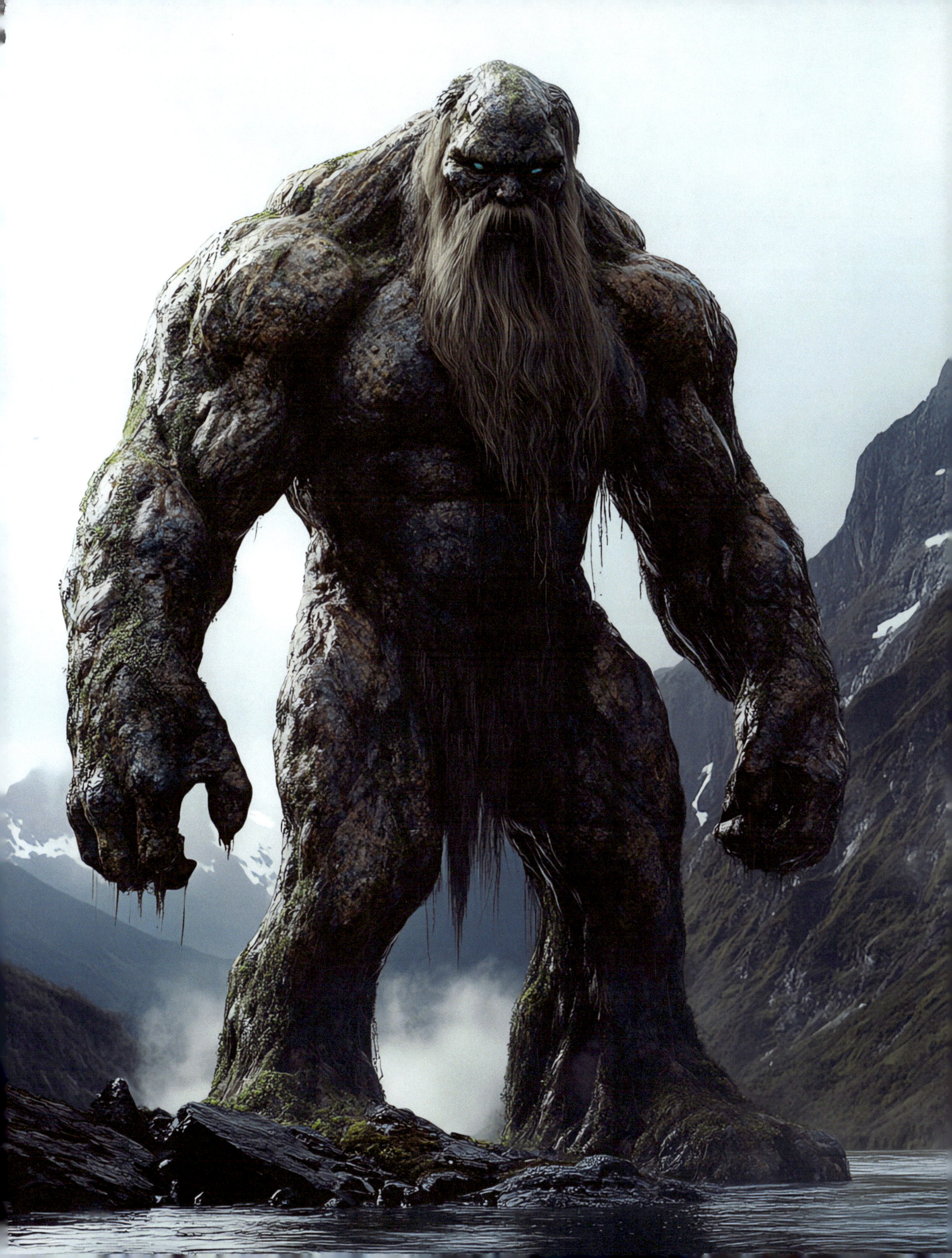

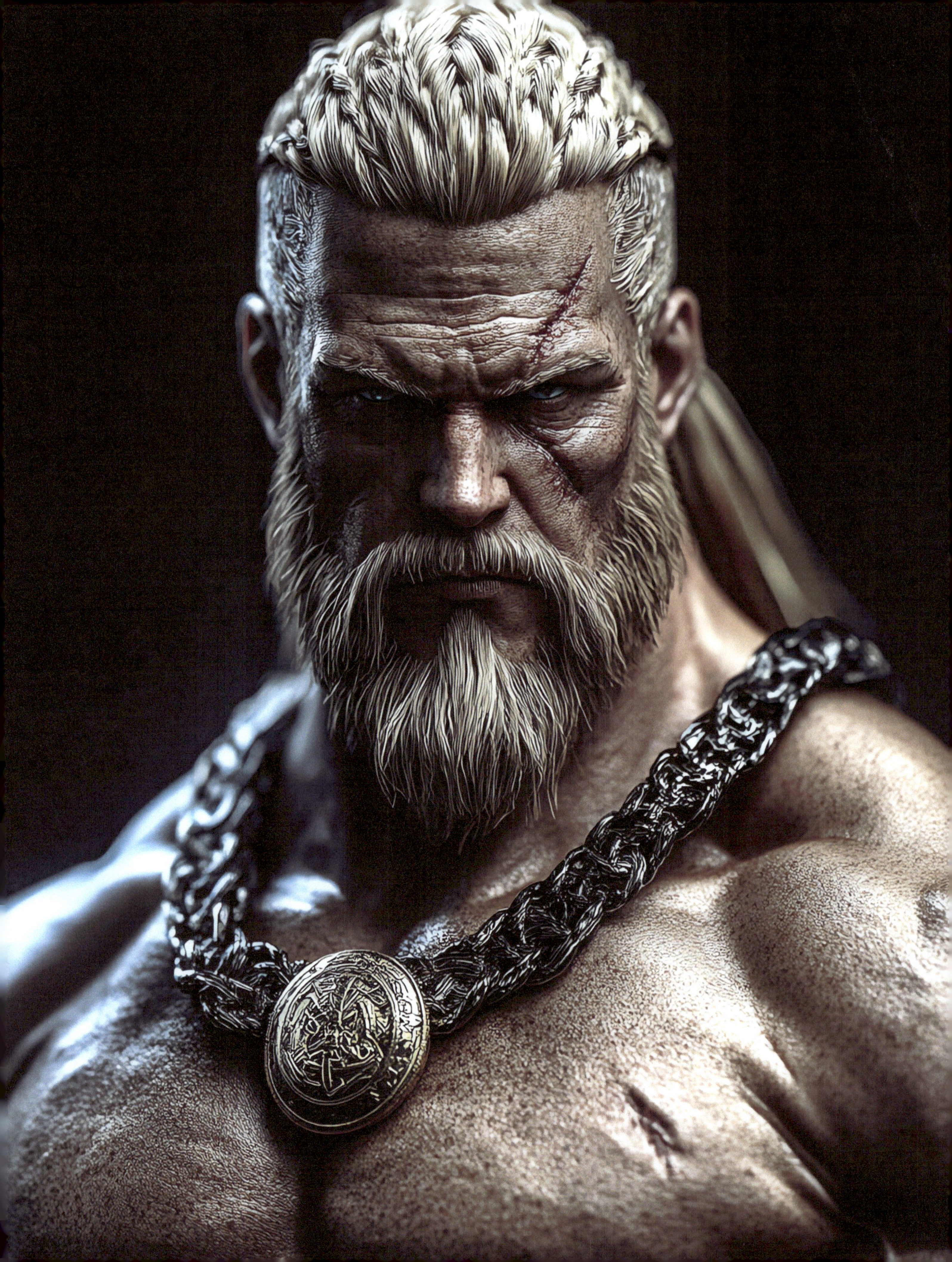

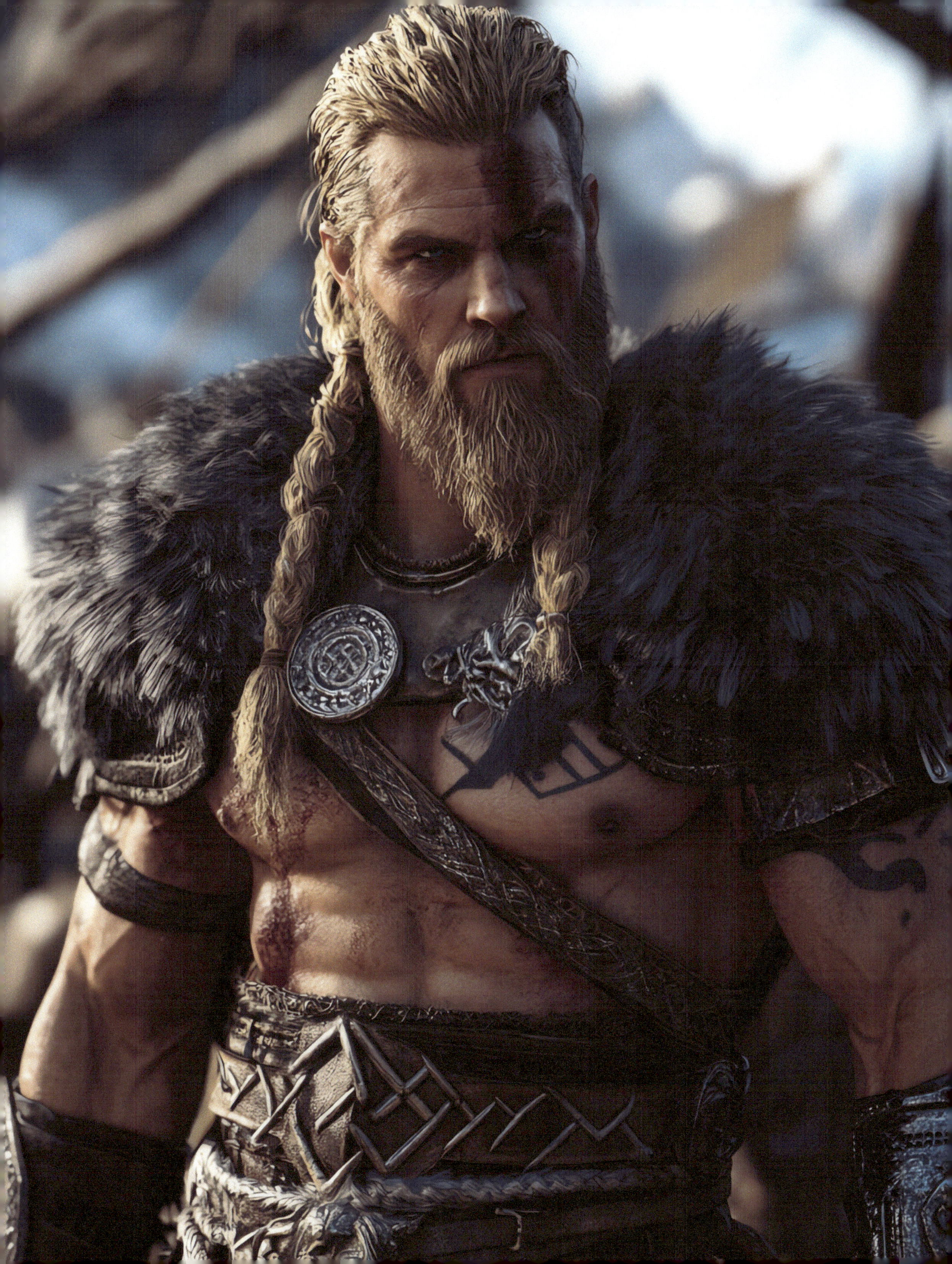

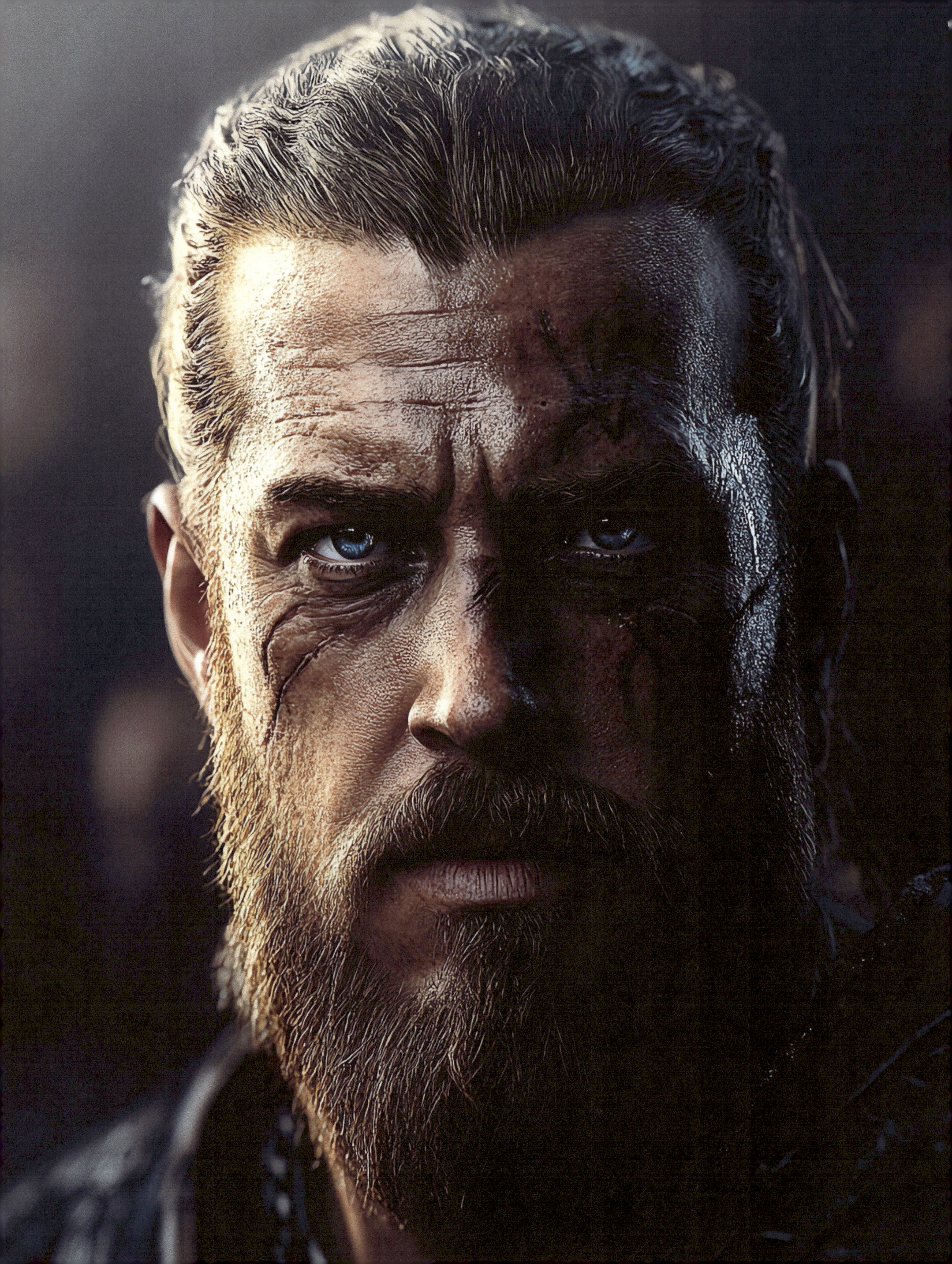

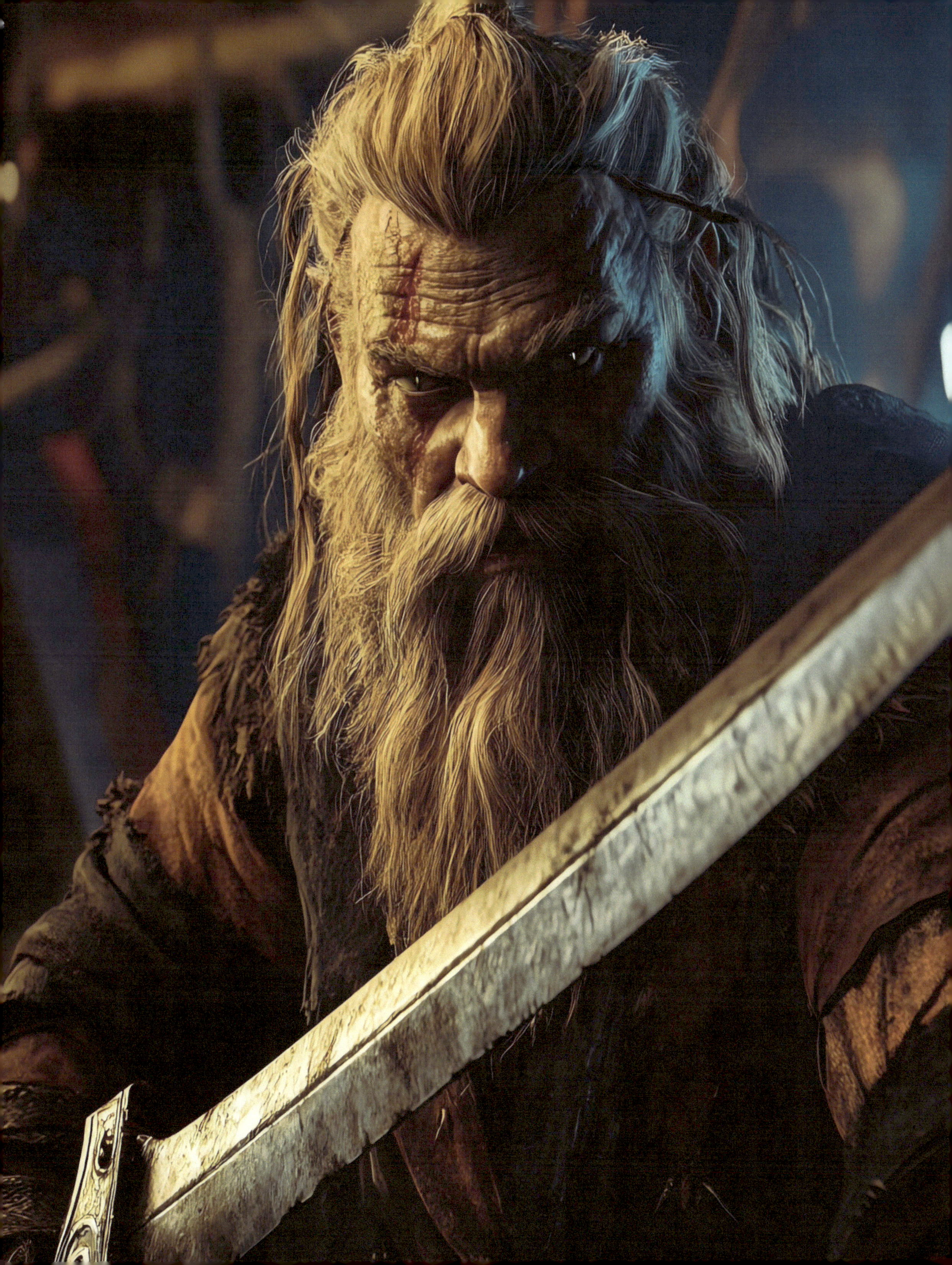

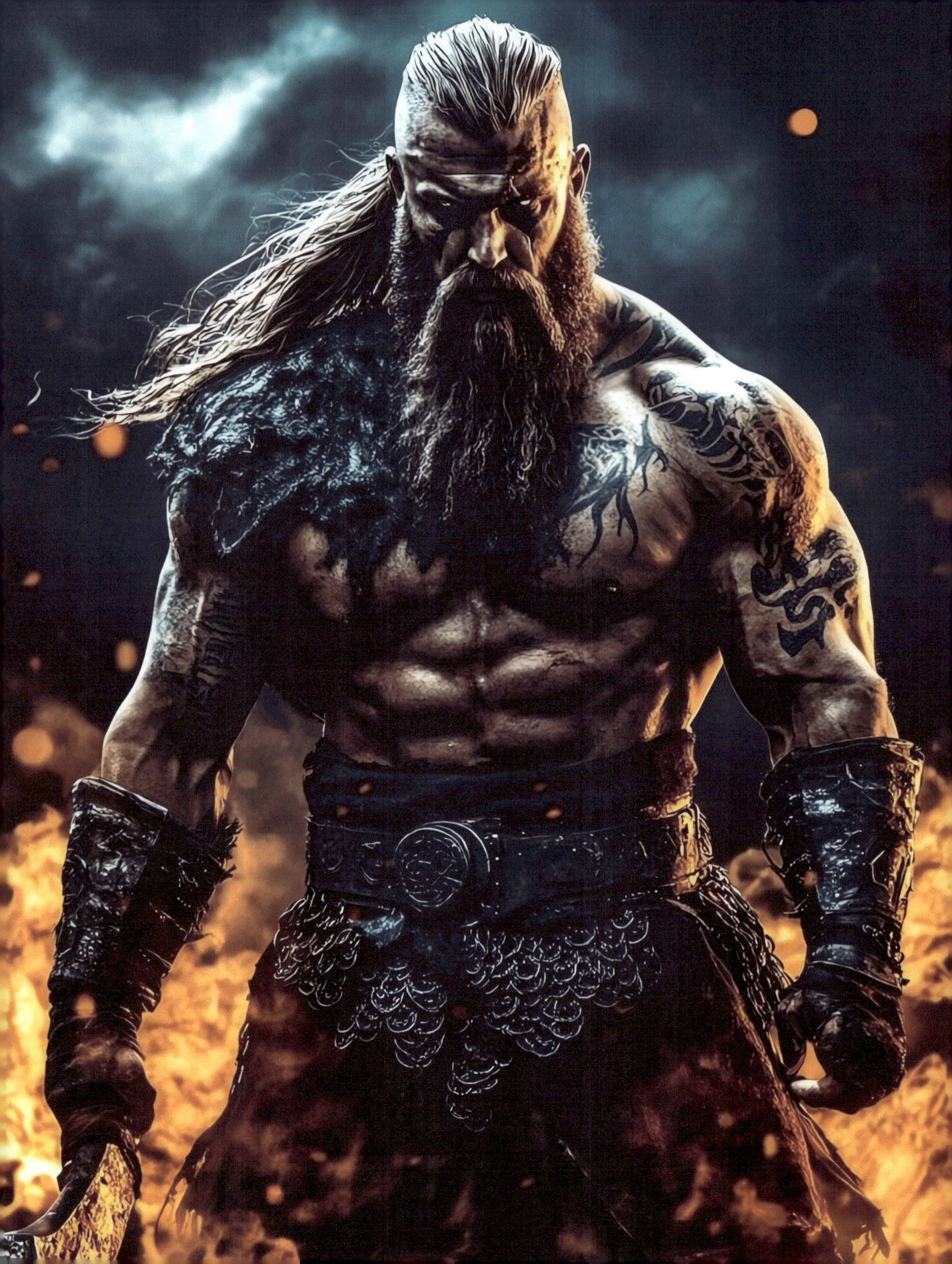

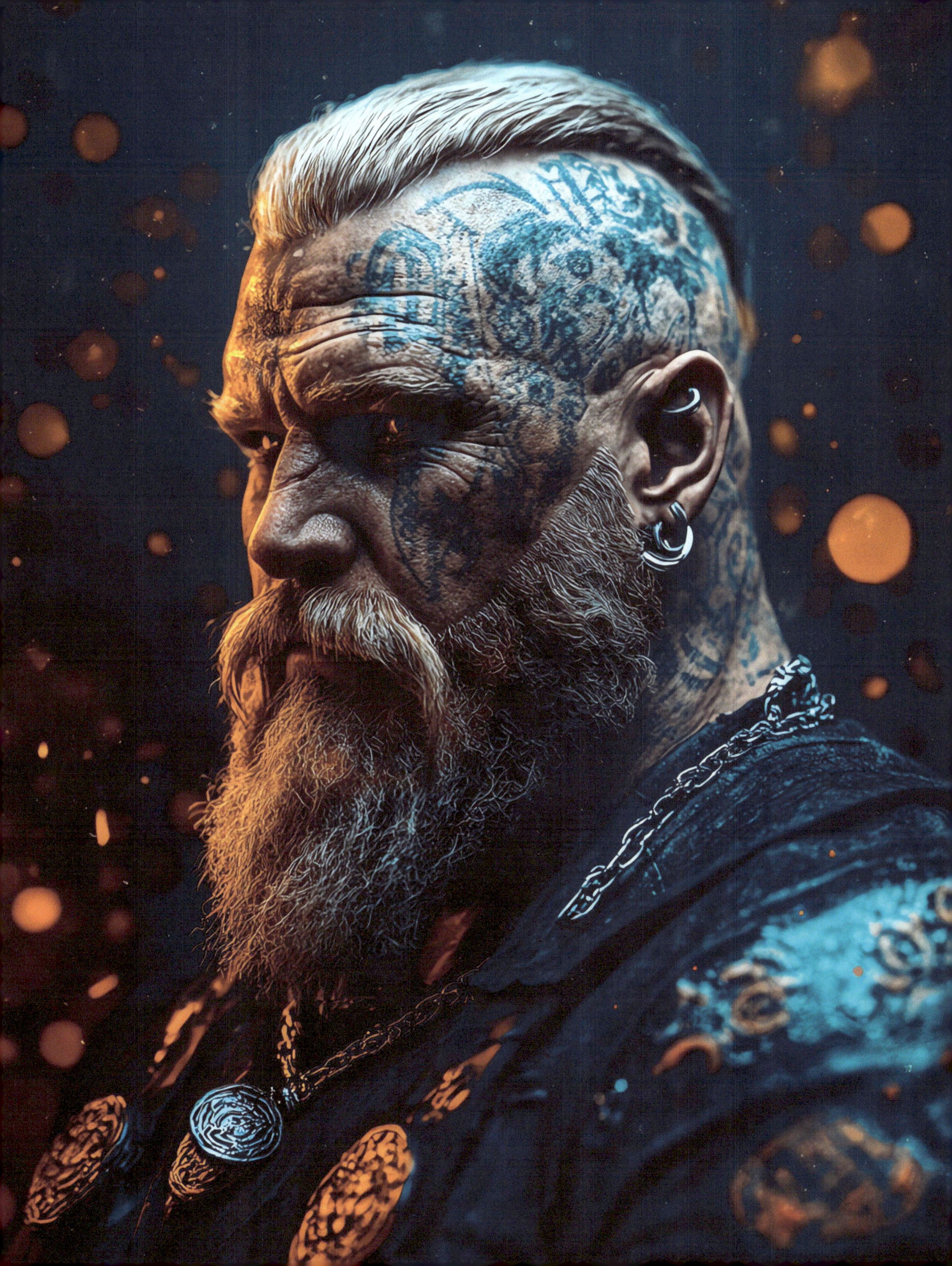

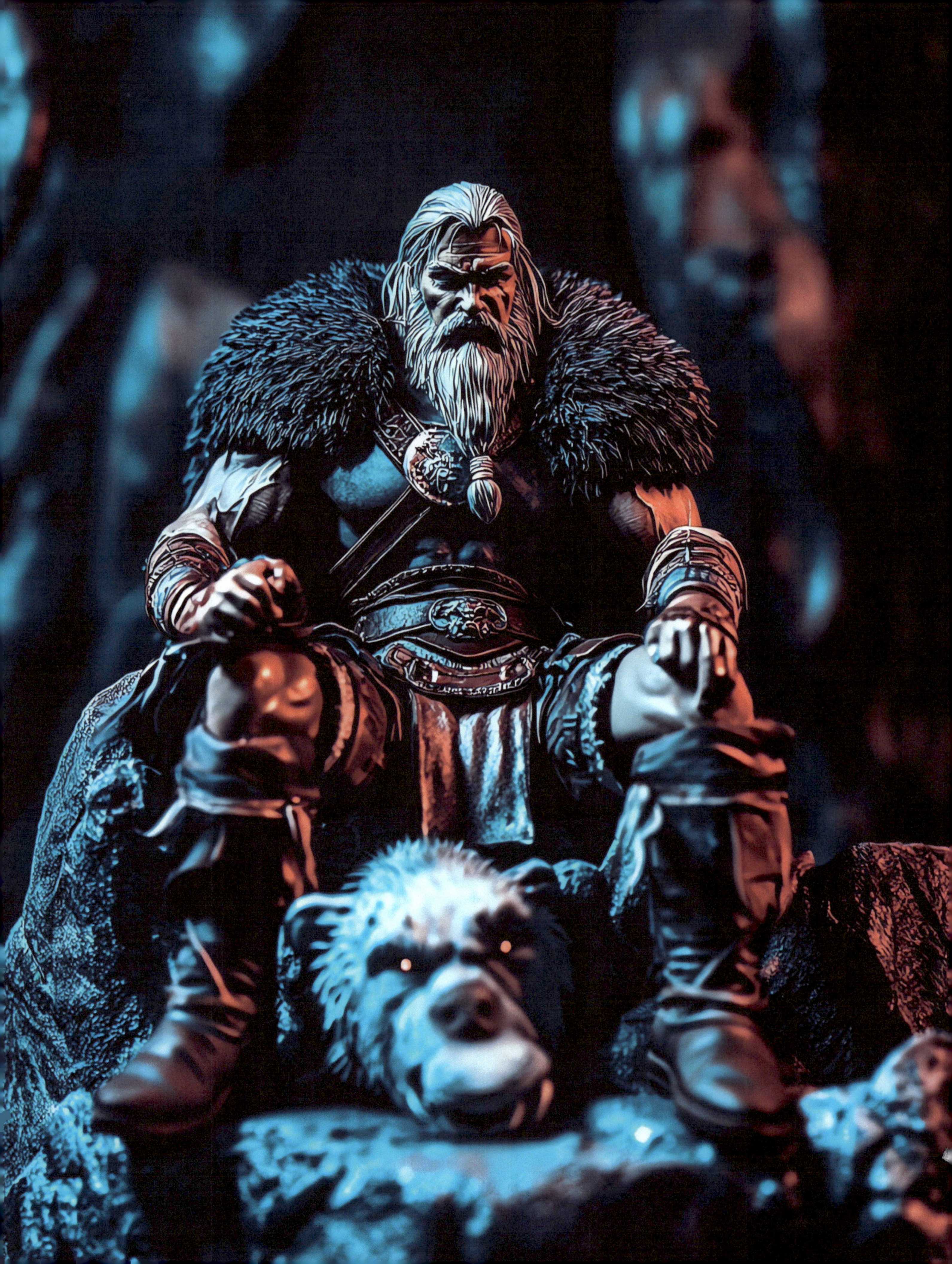

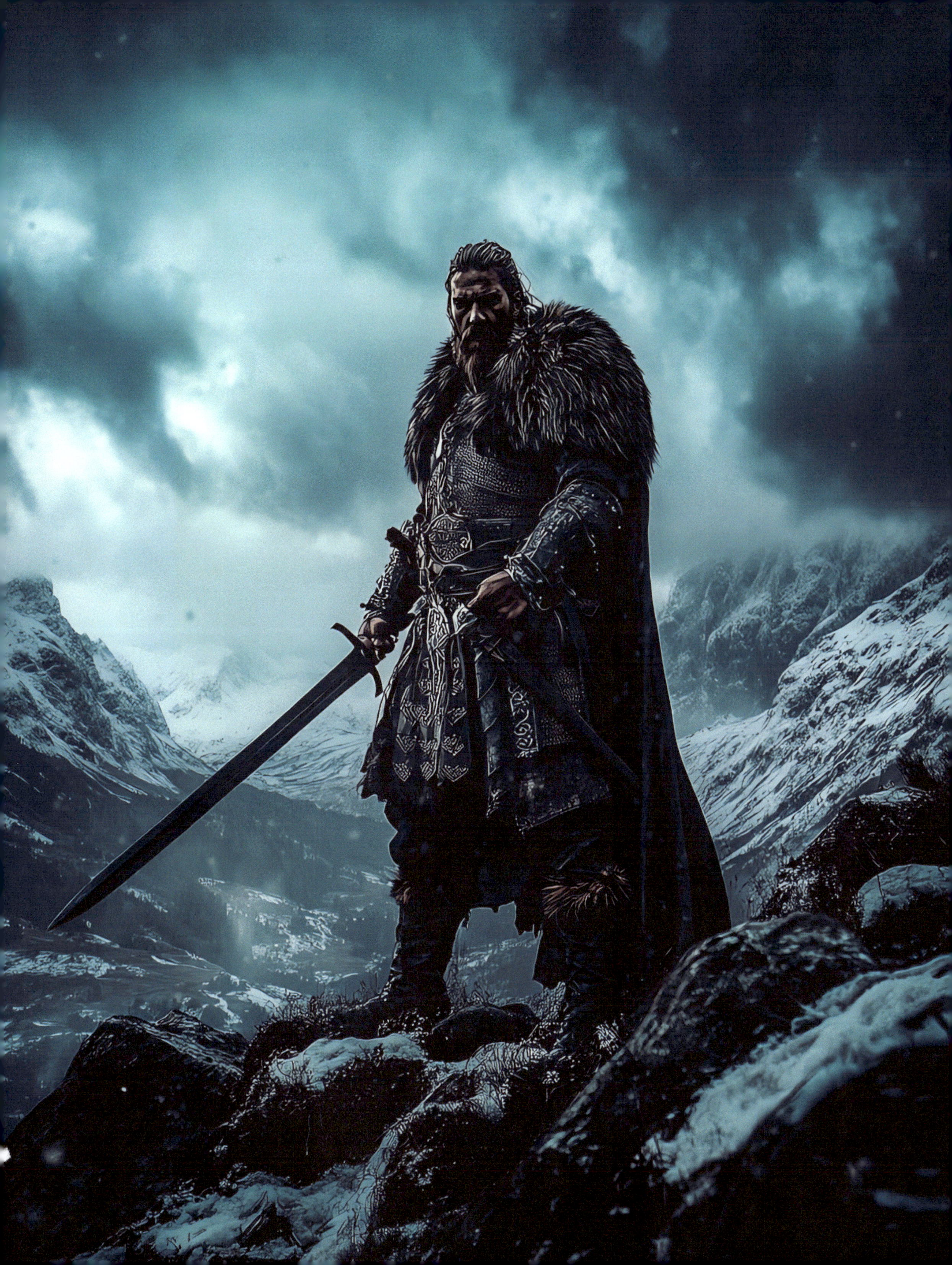

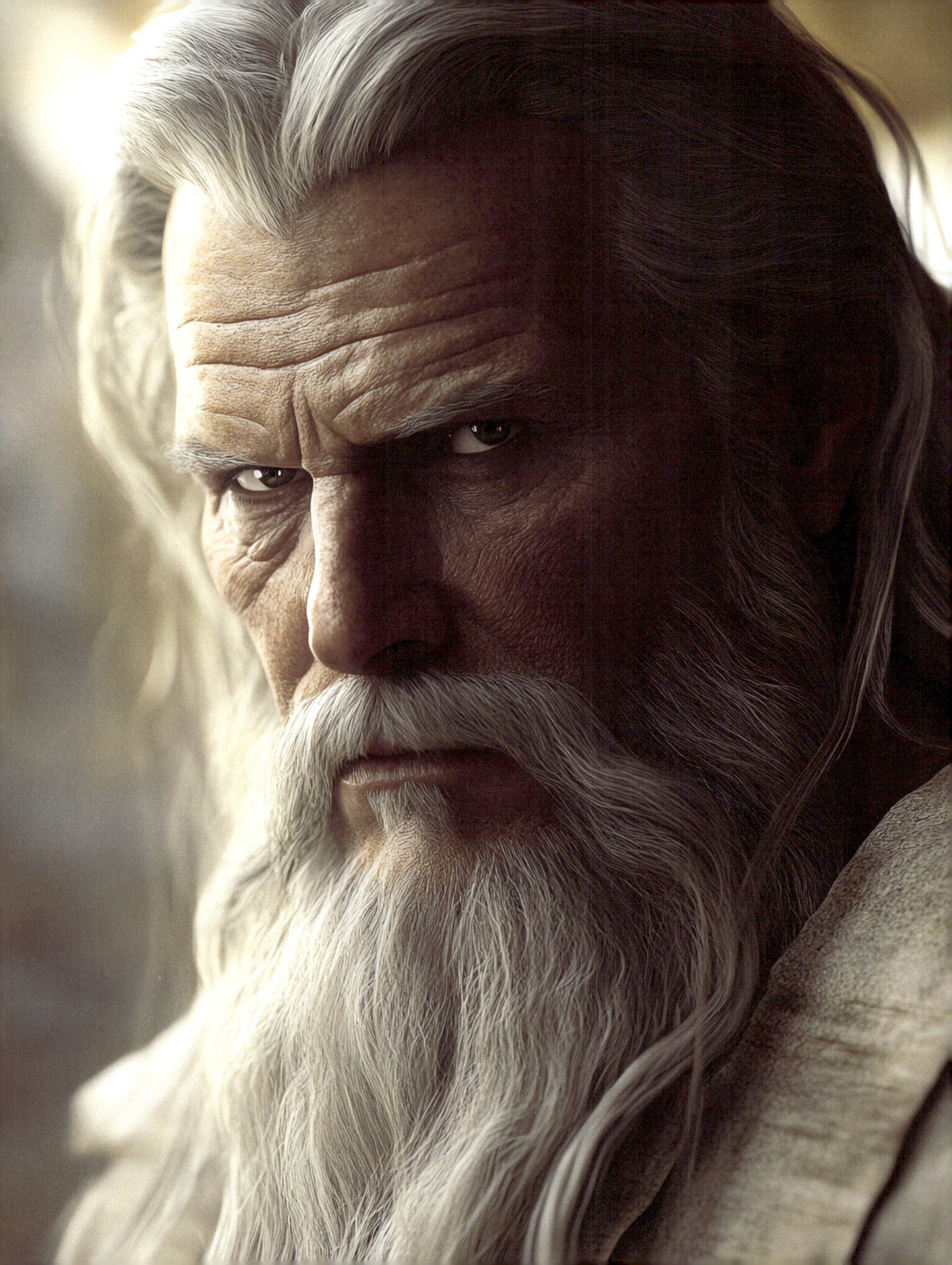

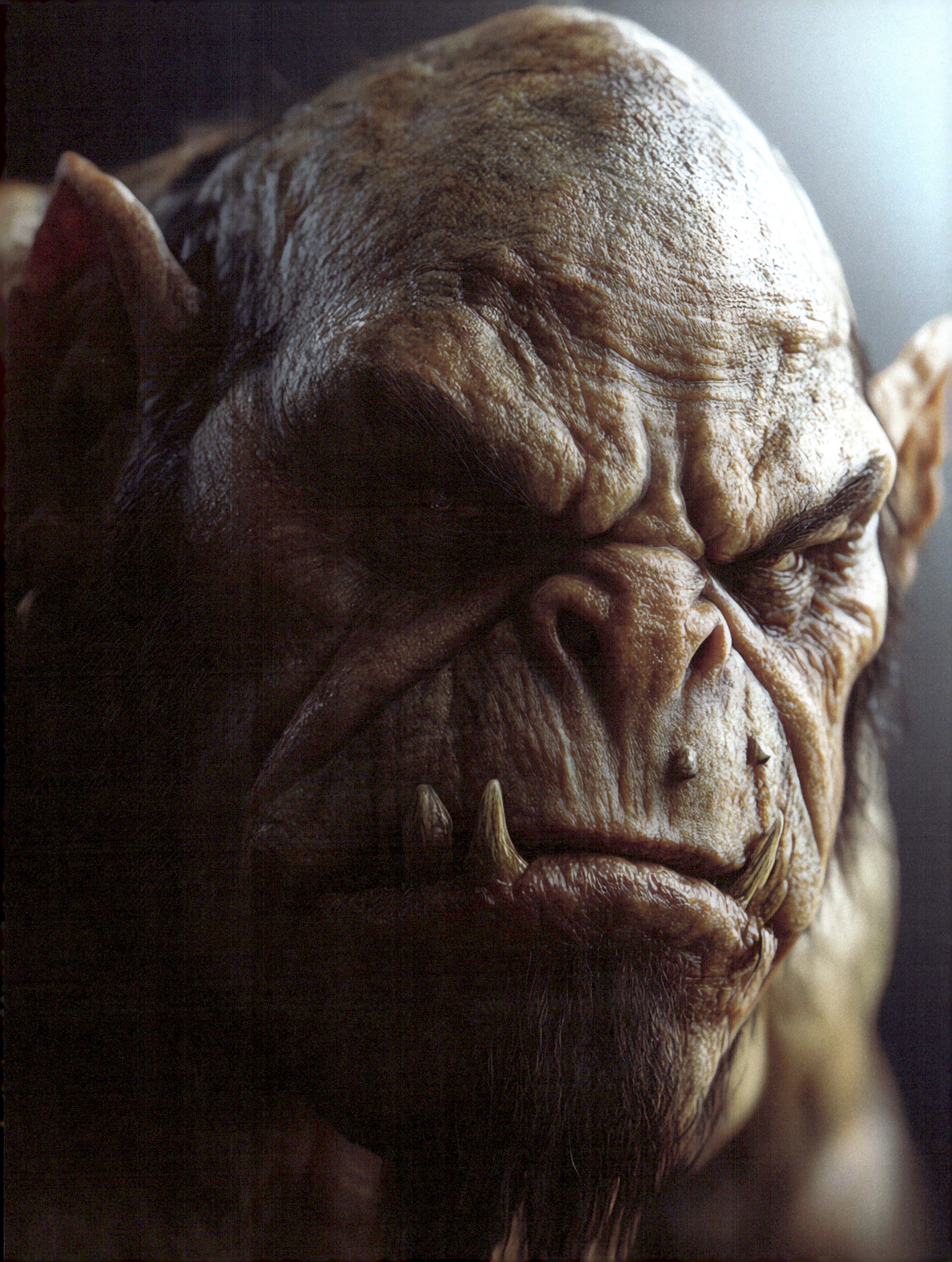

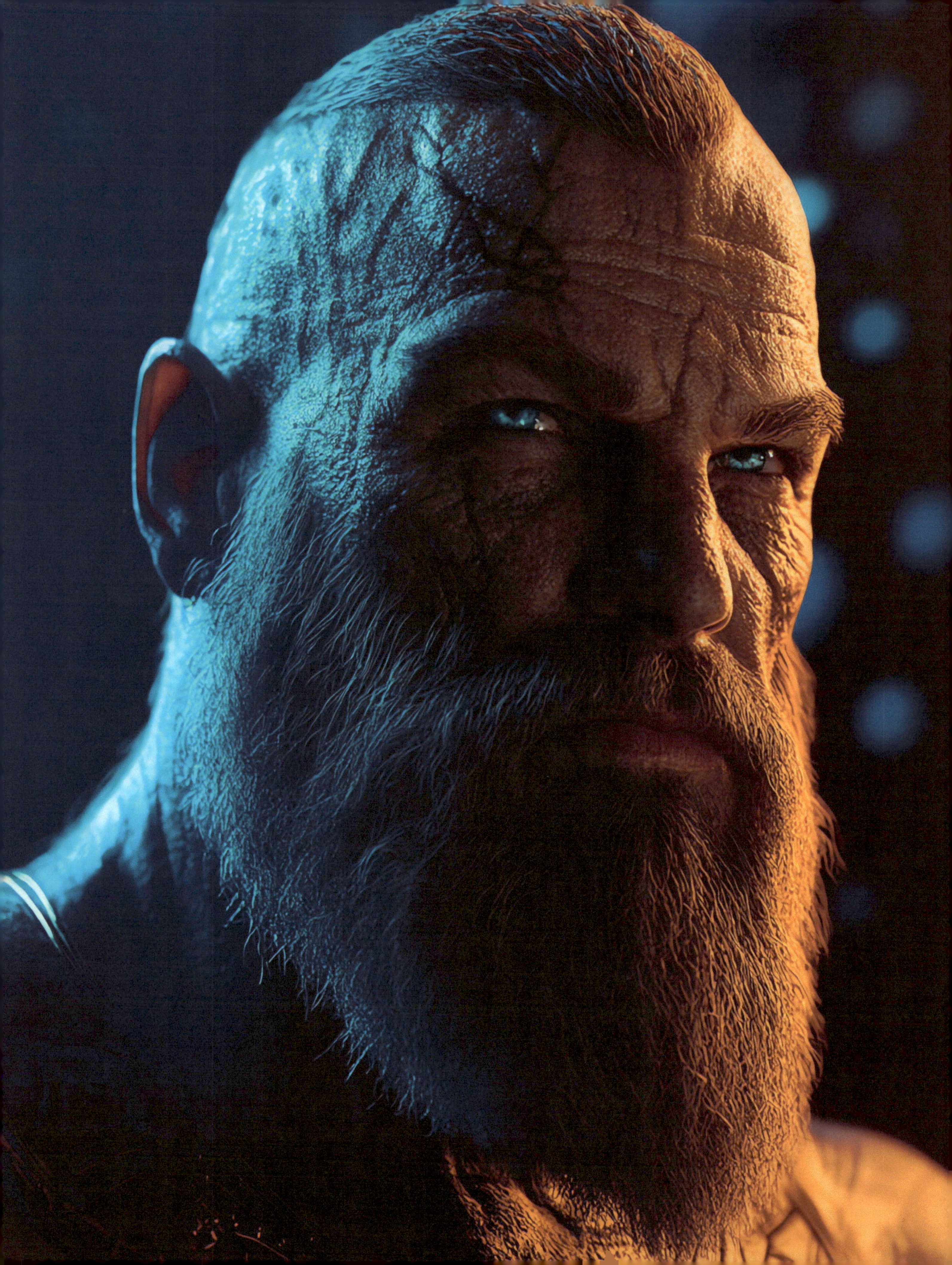

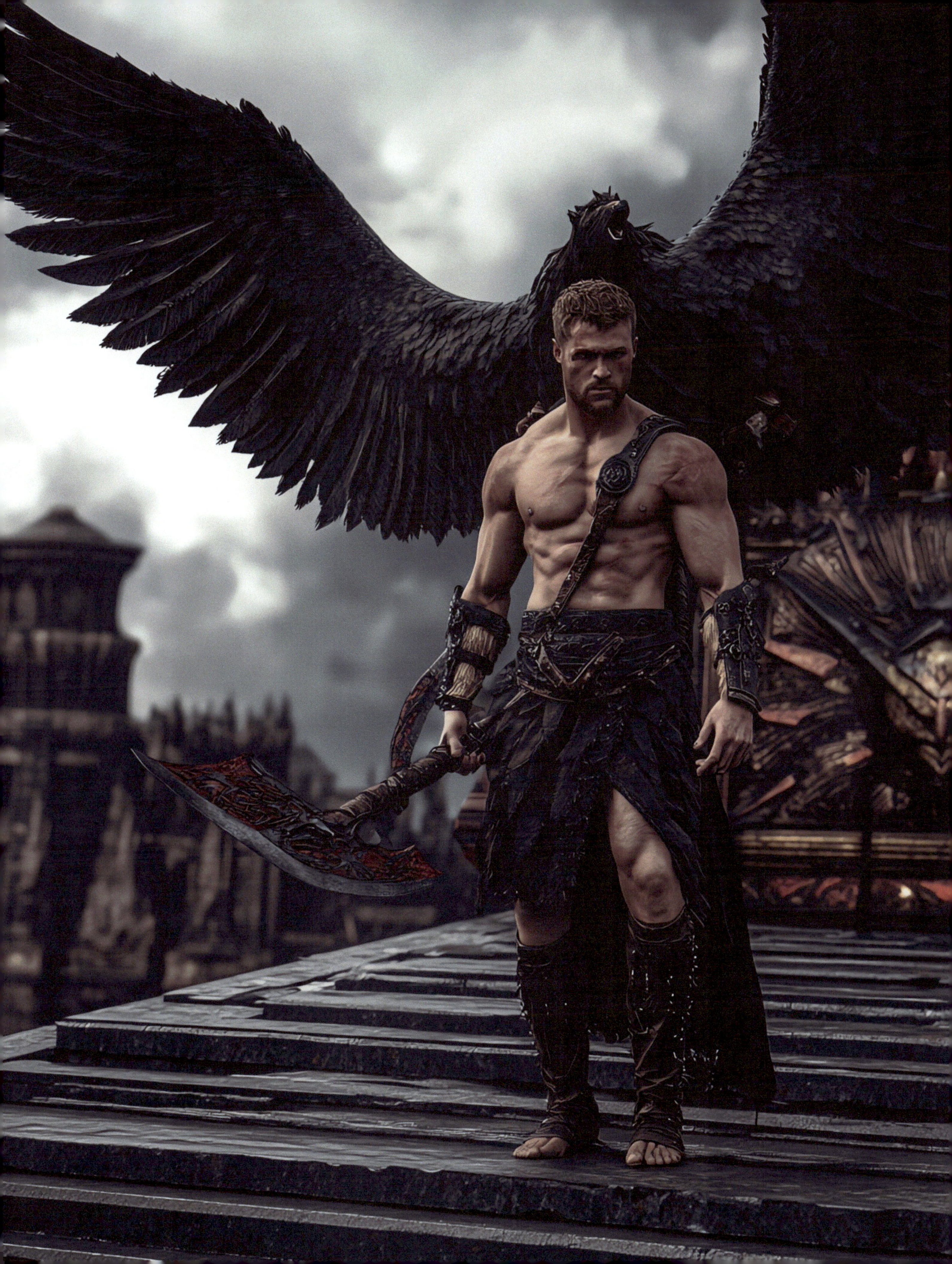

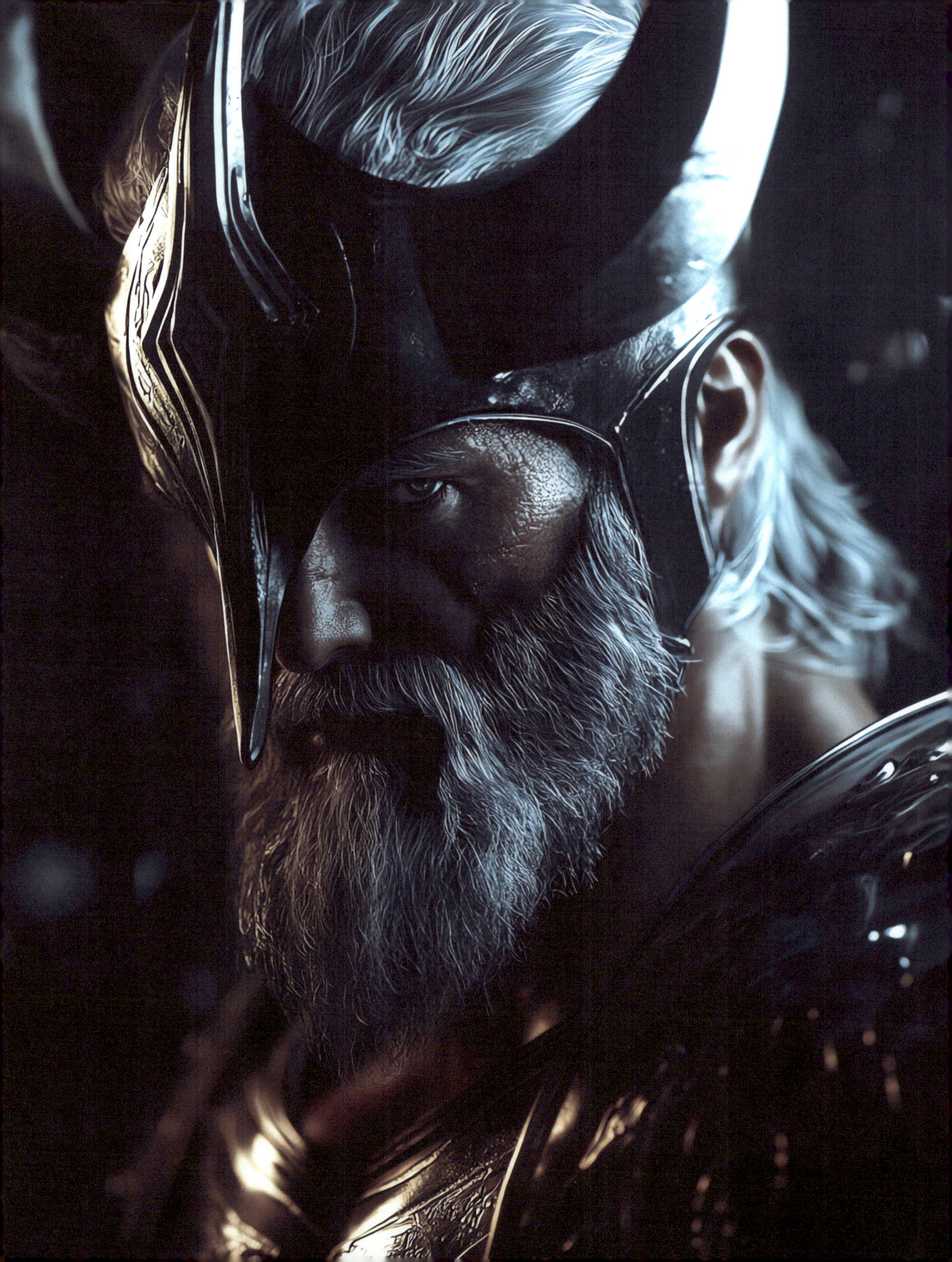

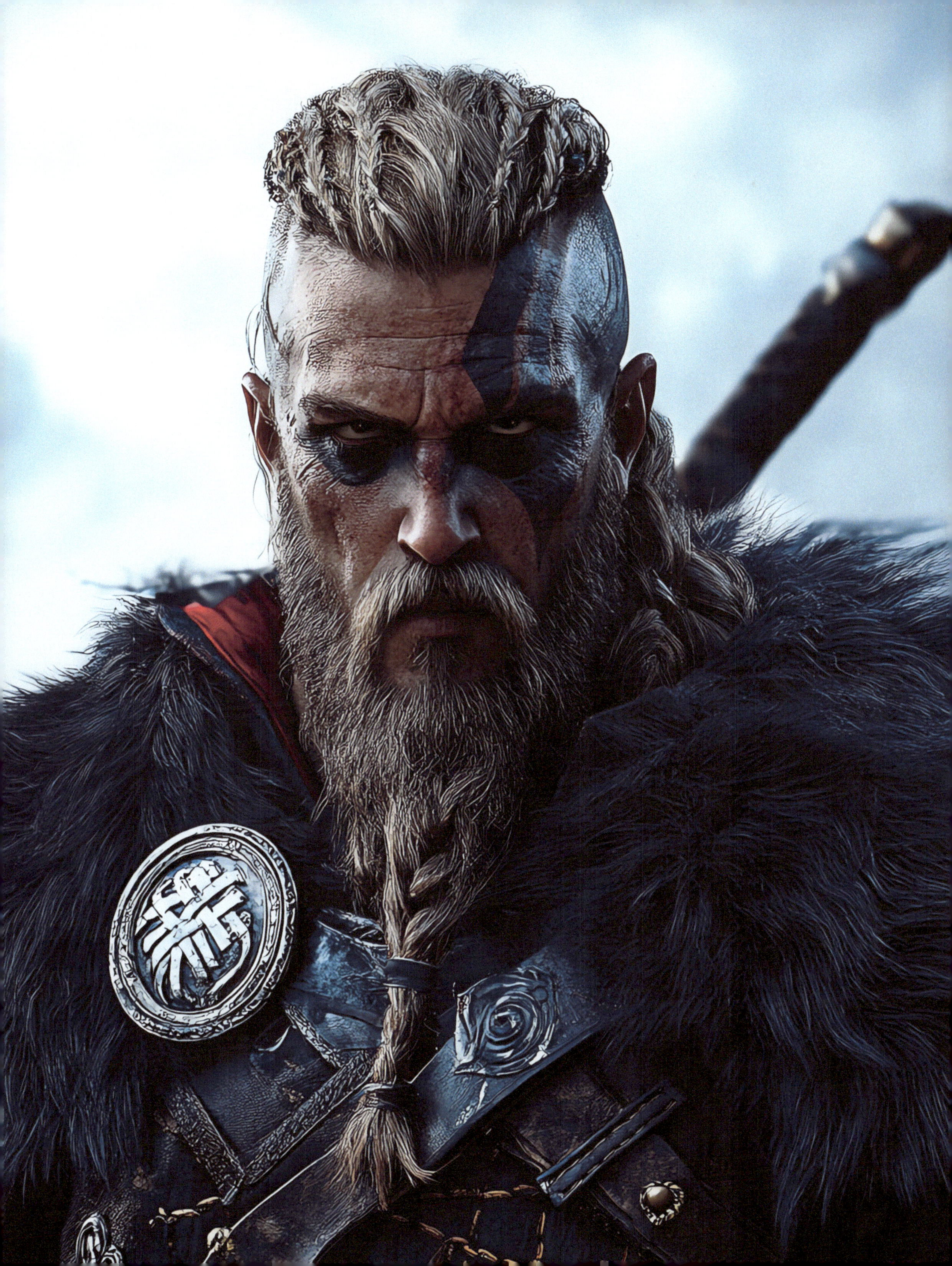

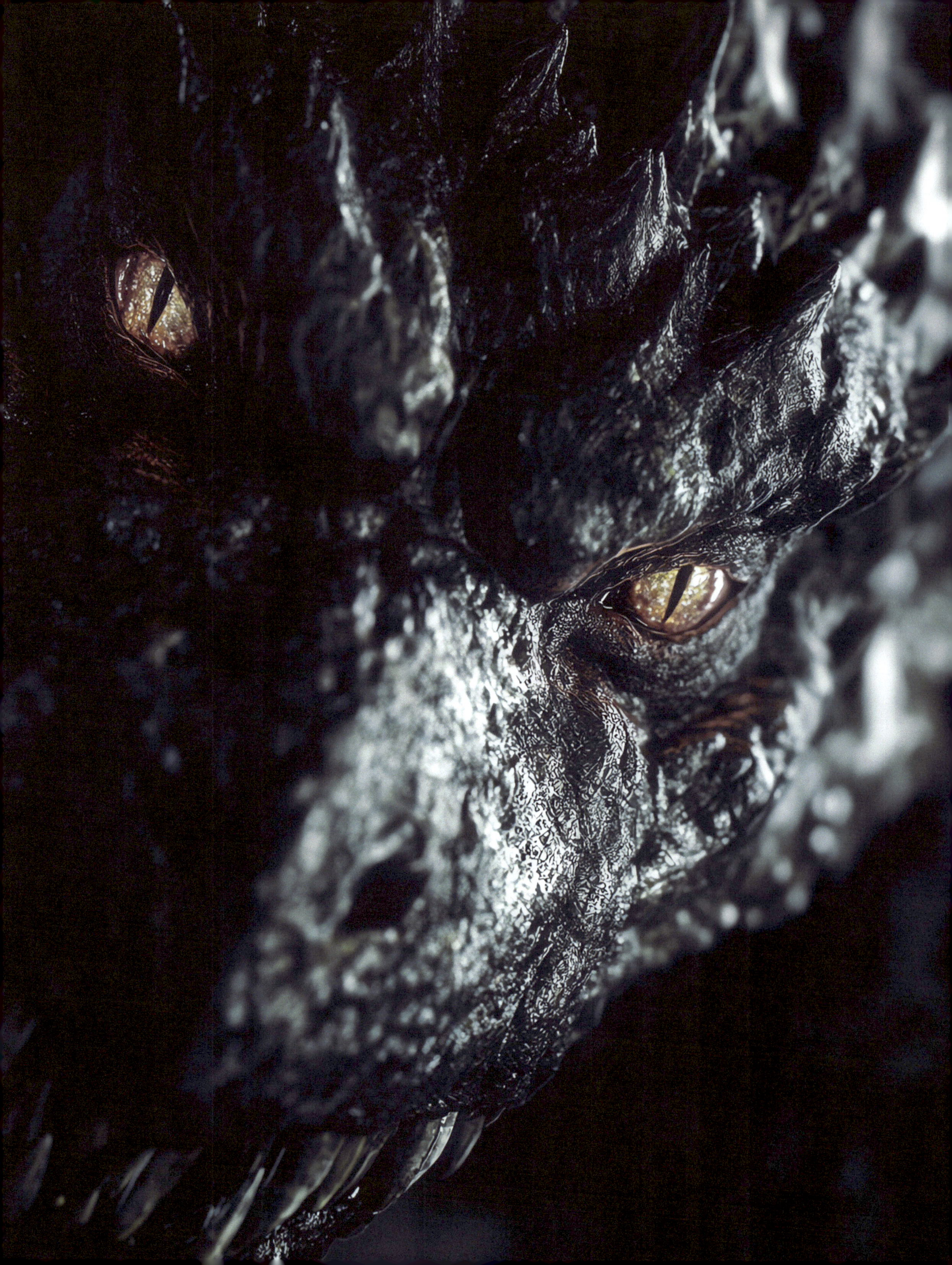

www.ingramcontent.com/pod-product-compliance
Lightning Source LLC
Chambersburg PA
CBHW040425220526
45473CB00004B/1342
* 9 7 9 8 3 0 3 2 5 4 1 3 8 *